U0012811

圖片來源：劉順達提供，來自尹錫悅競選辦公室

1976학년도 고등학교 선발고사
수 험 표
※수험번호 232915
접수번호 충암園 -442

圖片來源：劉順達提供，來自尹錫悅競選辦公室

圖片來源：劉順達提供，來自尹錫悅競選辦公室

尹錫悅成長歷程

圖片來源：劉順達提供，來自尹錫悅競選辦公室

圖片來源：劉順達提供，來自尹錫悅競選辦公室

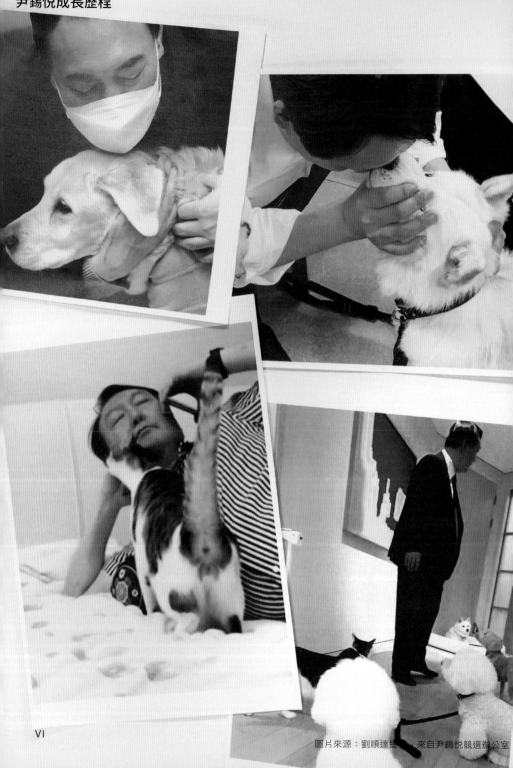

圖片來源：劉順達提供，來自尹錫悅競選辦公室

圖片來源：劉順達提供，來自尹錫悦競選辦公室

尹錫悦成長歷程

人民的呼喚

尹錫悅
韓國檢察官總統的傳奇故事

劉順達 著

目錄

檢察官總統尹錫悅　　　　　　　　　　　　　　　　　005

推薦文

鄭然植（韓國國立慶北大學 政治外交系 榮譽教授）　　015

許英燮（前 E-daily 論說室長、韓國資深專欄作家、　　021
　　　《台灣在那裡》作家）

宋昌鎬（韓國金烏工科大學 榮譽教授、國民之力黨　　　025
　　　選舉對策本部 組織本部國民勝利特別委員會
　　　常任顧問、國民之力黨 選舉對策部 組織統
　　　合本部 全國廣域總括委員會 大邱廣域市委員
　　　長）

序　人民的呼喚　　　　　　　　　　　　　　　　　　031

STORY ONE　尹錫悅的生涯

出生書香家庭　　　　　　　　　　　　　　　　　　　041
學經歷一目了然　　　　　　　　　　　　　　　　　　047
廣結善緣的個性　　　　　　　　　　　　　　　　　　056
棄官從政的勇氣　　　　　　　　　　　　　　　　　　063
企業家夫人金建希　　　　　　　　　　　　　　　　　069

STORY TWO　從政的辛酸歷程

打破檢察官不能從政的慣例　　　　　　　　　　　　　077
黨代表李俊錫的叛亂　　　　　　　　　　　　　　　　083
解開黨內大老的排斥　　　　　　　　　　　　　　　　089

海納百川的包容 096

德不孤，必有鄰 102

STORY THREE 勝選的因素

尹錫悅的 10 大公約亮麗 111

文在寅的政績慘不忍睹 121

競選對手李在明的偽善 128

執政民主黨的集體暴力 134

政權延續 20 年的傲慢 141

STORY FOUR 兩韓與外交關係

安保與外交 149

兩韓關係不進則退 155

親美與親中外交 160

韓日關係初見曙光 167

「文金會」與「川金會」騙局 173

STORY FIVE 尹錫悅給台灣的啟示

創造韓國總統的新面貌 181

檢察官依法偵辦總統弊案 187

腐敗無能政府的教訓 195

年輕選民渴望正義 201

點亮人民的希望 207

後記 我的感謝 215

檢察官總統尹錫悅

　　韓國無論是大檢察廳（最高檢察署）、高檢及地檢大門客廳懸掛檢察官的宣誓匾額，隨時提醒全體檢察官，不要忘了是接受國家和人民的吩咐，能成為光榮的大韓民國檢察官。如今，尹錫悅從一名職業檢察官當選第 20 屆大韓民國總統，一般認為，他是深受該宣誓內容的影響，身體力行，只忠於人民和國家。

　　尹錫悅可以說此次當選總統之前，一直是一名 26 年職業檢察官，從政時間前後不到 1 年。因為看到號稱人權律師出身的文在寅違法違憲，橫行霸道，知法犯法，透過執政「民主黨」在國會優勢的情況下，推動與民生法案無關，只為確保自己安然卸任的法案由一黨單獨強行通過。

　　由文在寅任命的尹錫悅一向以法律與常識為原則，親手偵辦過驚動韓國各界的大型案件甚多，其間得罪不少政治人物與企業家。尤其，他在特偵組時承辦的前總

統朴槿惠與閨密崔順實間的壟斷國政案，讓朴槿惠遭遇提前 1 年下台與囚房 5 年餘的命運，本案迄今議論紛紛。

　　從近代韓國政治歷史來觀，1960 年代，因李承晚總統大選作弊，釀成 4.19 學生義舉及 5.16 軍事革命；李明博總統執政初期曾有反對美國牛肉進口群眾示威事件；朴槿惠則遇到文在寅口中炫耀的燭光革命，讓文在寅有機會東山再起成為總統。

　　施政 5 年以來，文在寅依賴這股燭光力量，無所不為，不管反對黨與外界的反對聲浪，認為自己對的就向前衝。最可笑的是，據悉，他看了一場與環保有關的電影，就匆匆決定「非核家園」政策，將正在運轉或新建中的核電廠全部下令停工，導致國庫損失慘重。

　　競選期間，面臨反對黨「國民之力」總統候選人尹錫悅提出的重建核電政見及總統大選票房壓力，文在寅選擇臨陣脫逃，2 月 25 日突然宣佈恢復核電廠重建和轉運，自行打臉，核電政策前後矛盾。自導自演讓選民啼笑皆非，不再信任文在寅。

　　文在寅失政例證不勝其數。不僅在國內，也在國外。北韓領導人金正恩的胞妹金與正多次批罵文在寅是「煮

熟的豬頭」等比三字經還難堪的話，文在寅聽了卻不敢回嘴。甚至，2020 年 6 月發生北韓炸毀韓國投入巨額在板門店興建的南北共同聯絡事務所大樓，並要求韓國立即停止空飄傳單，文在寅不僅照辦，利用執政黨在國會席次之優勢強行通過《禁止空飄傳單》法案，並把參與空飄的脫北者多人移送法辦，脫北者組織不得不到美國國會控訴。

「文金會」是一場虛假和平秀。在板門店和平壤各舉行 1 次，雙方所談妥的各項交流與合作事項，如今都變成廢棄物不說，今年以來，反而帶來 10 次飛彈威脅。不僅美國、日本緊張，韓國也深怕第 2 個韓戰會重演。在這種窘局下，如何能讓韓國人民相信文在寅口中念念不忘的「朝鮮半島和平進程」和「終戰協定」？這些恐怕都要面臨跟文在寅同時埋進墳墓之命運。

文在寅給人的印象是，「親中、親北」與「反美、反日」外交之對抗。外交一面傾向中國大陸與北韓，因此與美國與日本時而產生磨擦。其中，中止或縮減美韓定期軍事演習，讓美國不悅。一般人認為，文在寅執政期是韓日關係有史以來最惡劣情況，兩國幾乎撕破臉。

在司法體系與制度方面，無論是法官或檢察官完全看文在寅和執政黨臉色辦案，可以說沒有真正「獨立」偵查空間。尹錫悅不僅對這種積弊最清楚，並且他自己也直接受過文在寅的迫害。所以，尹錫悅競選時，一方面強調尊重司法體制，另一方面要徹底改革這種不法。

諷刺的是，尹錫悅當選後，已有文在寅的忠犬檢察官陸續自行提出辭呈。任期至明年 5 月有保障的金浯洙檢察總長原先不積極偵辦的諸多有關文在寅與民主黨總統候選人李在明的弊案，拖拖拉拉擺在一邊。自聽了尹錫悅陣營的現任國會議員放話「一臣不事二君」，最好金浯洙自行辭去之後，開始動起來偵辦。

最無法理解的是，屬於各部會的國公營企業董事長、總經理及理、監事人事案，文在寅還在安插青瓦台的幕僚出任。尹錫悅認為，人事案應該事先彼此討論，以求人事「適才適所」圓滿。惟青瓦台的回應卻是「5 月 9 日前，文在寅仍在青瓦台」。暗示，這段期間的人事權仍在文在寅的手掌。實在達到夠厚顏無恥的程度了。

尤其，現任總統文在寅邀請未來總統尹錫悅於 3 月16 日在青瓦台午餐，兩人首次見面針對交接業務等交換

意見，無故突然被取消。據悉，原因是尹錫悅建議特赦
李明博前總統，文在寅則提出特赦因性騷擾女秘書坐牢
中的親信金慶洙，雙方意見不合。

尹錫悅於去年 3 月提出辭呈後，第一次外出拜訪和
請益的人就是年齡 102 歲的延世大學哲學系榮譽教授金
亨錫。當時，金亨錫告訴尹錫悅只要有誠實為國家與人
民服務的決心，不妨挑戰一下總統職位。因此，尹錫悅
照著這位老哲學家的指點，決定投入政治。

對於尹錫悅的當選，金亨錫指出，主要原因有二，
其一是尹錫悅遵守憲法，保護人民。其二是尹錫悅不僅
肚量大，也沒有私心。選前，尹錫悅不僅受到民主黨和
候選人李在明的「不懂政治」的攻擊，甚至還受到黨內
資深大老的排斥，可以說壓力來自四面八方。其實，尹
錫悅的挑戰來自他的誠心誠意對人接物。

也許就是這些原因，韓國選民選擇了尹錫悅。這不
僅是尹錫悅創造了韓國憲政史上首位「檢察官總統」的
名號，並且是韓國選民的光榮勝利。

文在寅為了逃避尹錫悅的調查與他和青瓦台有關各
種弊案，前後找來曹國、秋美愛及朴範界 3 位法務部長

來「修理」尹錫悅，還是未能逼走尹錫悅。去年 3 月初，卻由尹錫悅主動自行辭去後，一時之間讓尹錫悅成了韓國人心目中的「正義英雄」。

因此，韓國朋友開玩笑說，這次促成尹錫悅當選的幕後功臣是文在寅和 3 位法務部長。其實，依據選後的各種分析報告來觀，也的確如此。韓國選民有 36% 投票意願的主軸是殷切盼望政黨輪替。

一段插曲頗有意思。選後，青瓦台發言人朴炅美發表「文在寅致人民的談話」，一方面祝賀尹錫悅當選，另一方面慰勞李在明落選時，在電視機和記者面前突然哽咽哭泣，回房休息約 5 分鐘後繼續露面代讀文在寅的談話內容，確實罕見的場景。迄今，記者對於朴炅美為何哭泣一事霧裡看花。

5 月 10 日正式宣誓就職前，尹錫悅已發佈「政權交接名單」24 人，分為內政、外交及國防等 7 個小組。一般稱為「影子內閣」大致已擬定。第一次、第二次及第三次陸續發佈的新任國務總理韓悳洙及內閣部長 16 人名單。尹錫悅的人事安排集中在經濟、外交、安保方面出身的官僚、教授、專家等，完全排除自己口袋裡的人士。

　　達成難得的 5 年一次政黨輪替，尹錫悅的新車引擎即將啟動，韓國人民預祝他向後 5 年無論上山下海，該直走就直走，該轉彎就轉彎，能成為完全脫離威權政治，聽取民意，加強溝通，讓普通百姓知道總統每天在為人民和國家都在做什麼，順利、成功抵達重建公正國家的目的地。

韓文原文
대한민국 검사 선서(대통령령 제21344호)

나는 이 순간 국가와 국민의 부름을 받고
영광스러운 대한민국 검사의 직에 나섭니다.
나는 공익의 대표자로서
정의와 인권을 바로 세우고, 범죄로부터 내 이웃과 공동체를
지키는 막중한 사명을 부여받은 것입니다.
나는, 불의의 어둠을 걷어내는 용기 있는 검사,
힘없고 소외된 사람들을 돌보는 따뜻한 검사,
오로지 진실만을 따라가는 공평한 검사,
이해와 신뢰를 얻어내는 믿음직한 검사,
스스로에게 더 엄격한 바른 검사로서,
처음부터 끝까지 혼신의 힘을 기울여
국민을 섬기고 국가에 봉사할 것을
나의 명예를 걸고 굳게 다짐합니다.

2008 년 10 월 31 일 제정

中譯文

大韓民國檢察官宣誓 (大統領令第21344號)

我從這瞬間接受國家與國民的使喚，

出任光榮的大韓民國檢察官之職。

我以公益的代表者，接受賦予確立正義和人權，

自犯罪守護我的鄰居與共同體的莫重使命。

我以我的名譽堅定宣誓，作為一名

掃除不義陰霾的有勇氣檢察官，

照顧無力又疏離人們的有溫暖檢察官，

只追隨真實的公平檢察官，

獲取理解與信賴的信實檢察官，

對自己更加嚴格的正當檢察官，

願以我的名譽堅誓，

自始至終傾注魂魄力量，

奉祀國民及服務國家。

2008 年 10 月 31 日 制定

推薦文

鄭然植（韓國國立慶北大學校 政治外交系 榮譽教授）

유순달 박사

세상에는 기연 (奇緣) 이 많은가보다. 그래서 불교에서는 '길거리에서 모르는 사람사이라도 옷깃을 스치면 인연'이라고 했다. 나와 유순달 박사는 정말 인연이 깊다하겠다.

1969 년 내가 국립경북대학교 정치외교학과 교수로 재직하면서 교양학부에서 '한국정치개론' 강의를 했다. 그때, 유 박사는 나의 강의를 듣는 학생이었다. 대부분 수강하는 학생들은 대한민국 국적이지만 유독 유 박사만 중화민국 국적을 가진 유일한 외국학생 신분이었다. 그래서 첫만남부터 나는 유 박사에게 큰 관심을 갖고 가까이에서 지켜보게 되었다.

아직도 내 기억에 생생한 것은 대학 1 학년 시절 '경대학보' 인터뷰 기사에 기자의 ' 영어학과를 마친 후, 미래의

희망이 무엇이냐?'는질문에 '앞으로 외교관이 되어 주한중화민국 대사가 되고 싶다'라고 즉석 답한 부분이다. 나 역시 긴 세월 동안 유 박사의 큰 포부가 실현되기를 바래왔다.

　대학 졸업 후, 대만에 건너가 중국문화대학교 민족 및 화교 대학원에 다니면서 대만 교육부 등 각 부처 및 민간단체의 요청으로 한국 각계각층에서 대만 방문 인사들의 안내와 통역을 맡아 한국어, 영어 실력을 발휘하여 한·대만 유대관계 증진에 이바지 하면서 결국 태평양문화기금회 집행장 이종계 박사님의 발탁으로 첫 직장 생활을 하게 되었다.

　그기간 나와 경북대 교수 일행도 태평양문화기금회의 초청으로 대만 방문 기회를 가지고 즐거운 여행을 할수 있었다. 특히 유 박사의 주선으로 모교 서원섭 총장님께서 중국문화대에서 명예박사학위를 취득하기도했다.

　이런 공로가 한국에서 인정되어 1981년 '대한민국 정부 초청 외국인 장학생'으로 선발되어 모교인 경북대 대학원 정치외교학과 박사 과정에 입학하게되어 나와는 두번째 '스승과 제자'관계를 맺게 되었다. 유 박사는 입학하자마자 대한민국 대통령 박정희를 연구하겠다고 결심하고 열심히 공부하여 1985년 정치학 박사 학위를 취득하였다. 사실 박정희 대통령은 대한민국 역사에 큰 공로를 남겼고 오늘날 위대한 대통령으로 한국 뿐만아니라 세계적으로도 칭송을 받고 있다. 유 박사는 그만큼 선견지명이 있는 사람이라고 믿어 의심치 않는다.

'한국 전문가'로 대만 외교부에 특체되어 꿈이던 외교관 생활을 하게 되어 주부산 부영사, 주태국 2등 서기관, 주서울 1등 서기관을 거치면서 16년 동안 외교관 관직을 끝내고 대만 원동대학교 교수로 자리를 옮겨 교편 생활을 하기도했다.

이젠 퇴직하여 신문, 잡지 등에 칼럼 작가로 한국 정치에 대한 글을 실고 한·대만관계 증진에 여전히 눈부신 활약을 지속적으로 하고 있다. 대한민국 대통령에 관한 2012년 첫번째 출판한 《你好嗎？我是朴槿惠》에 이어 새 저서인《人民的呼喚：尹錫悅 韓國檢察官總統的傳奇故事》를 시기 적절하게 다시 세상에 보이게 되어 은사로서 매우 기쁘게 생각하고 축하해마지 않는다. 앞으로 한국과 대만의 관계 증진과 발전을 위해 많은 활동을 기대한다.

대만 독자들의 많은 지도 및 편달을 바란다.

2022년 5월 10일

中譯文
韓國與臺灣的橋樑

　　世上奇緣似乎很多，所以佛教裡說：「即使陌生人在路上衣袖擦身而過也是一種緣分」。本人與本書作者劉順達博士的特殊相遇緣分可謂非常深。

　　1969 年，我在國立慶北大學政治外交系擔任教授時，曾在教養學部開設一門「韓國政治概論」課程。大部分聽講的學生都是韓國人，唯獨劉博士是中華民國籍的外國人，自從那時開始，我就特別近距離關注他。

　　至今，讓本人記憶清新的是，劉博士大學一年級時，接受《慶北大學新聞》記者採訪，當記者提出：「英語系畢業後，未來的計畫是什麼？」質詢時，他不猶豫地立即回答：「要做外交官並出任中華民國駐韓國大使」。我也一直希望他遠大的夢想能夠實現。

　　大學畢業後，到台灣進入中國文化大學民族與華僑

研究所就讀碩士班期間，應台灣教育部等政府機關及民間團體的聘請擔任來自韓國各界人士的翻譯及接待工作，發揮他的韓語和英語實力，為增進韓國與台灣友好關係投入努力結果，獲得太平洋文化基金會執行長李鍾桂博士的賞識，找到生涯第一份職業。

其間，本人與慶北大學教授一行有幸接受太平洋文化基金會的邀請，有機會來台灣從事學術參訪，留下一次愉快的旅行。尤其，在劉博士的居間安排下，母校慶北大學校長徐源爕榮獲中國文化大學的榮譽博士學位。

這些功勞獲得韓國政府的認定，於 1981 年獲得「大韓民國政府邀請外國留學生獎學金」申請就讀母校慶北大學政治研究所博士班，與本人結為第二次的「師生」關係。入學之後立即決定研究朴正熙總統的統治理念，經過一番刻苦努力，於 1985 年獲取政治學博士學位。其實，朴正熙總統早在大韓民國歷史上留下偉大功勳，今日不僅在韓國國內，也普遍受到世界各國的稱頌。足以證明，劉博士對韓國政治具有獨特的「先見之明」。

之後，以「韓國問題專家」身分進入外交部，成為夢寐以求的外交官，啟程外交工作，先後擔任中華民國

駐釜山領事館副領事、駐泰國代表處 2 等秘書及駐韓國代表處 1 等秘書，結束 16 年餘的外交生涯後，轉進台南遠東大學教職。

退休後，目前以專欄作家身分，在報章雜誌撰寫韓國政治問題，繼續為增進韓台關係全力以赴。繼 2012 年 11 月出版有關介紹大韓民國總統第一本書《你好嗎？我是朴槿惠》後，欣聞近日新書《人民的呼喚：尹錫悅 韓國檢察官總統的傳奇故事》問世，精粹介紹韓國新任總統尹錫悅，作為老師的我深為高興，並為劉博士祝賀。期待今後能繼續為韓國與台灣加強關係與發展全力以赴。

深盼台灣讀者們給予不吝指教與鞭策。

2022 年 5 月 10 日

推薦文

許英燮 (前 E-daily 論說室長、
韓國資深專欄作家、《台灣在那裡》作家)

대만의 지한파 인사 유순달

　　유순달 선생께서 이번 대선에서 승리한 윤석열 당선인을 소개하는 《人民的呼喚：尹錫悅 韓國檢察官總統的傳奇故事》란 역작을 출간했다. 대만 국민으로서 선거가 끝나자마자 이런 대작을 내게 된 것은 평소 한국 정치에 그 만큼 깊은 관심을 갖고 있었기 때문일 것이다. 실제 그렇다. 유 선생은 내가 아는 한 대만에서 손가락에 꼽히는 지한파에 속한다. 지난 과거 대한민국과 중화민국이 외교 관계를 유지할 때 부산주재영사관에서 근무했다는 외교관 경력을 떠나서도 한국을 생각하고 염려하는 마음이 남다른 분이다.

　　책의 내용도 다양하다. 윤석열의 출생부터 늦 장가 그

리고 26 년간의 검찰직을 버리고 그가 정가에 입문한 계기 , 그동안의 시련을 극복하는 과정 마지막 당선인으로 확정된 순간 등 매우 흥미롭게 다루고 있다 . 이웃인 대만에게 주는 교훈도 정치 평론가로 잘 지적하고 있다 .

　이번 유 선생의 저서 출간을 지켜보면서 그의 치밀한 집필 과정에 놀랄수 밖에 없었다는 사실을 솔직히 고백한다 . 나와 하루 한 두번씩 문자 메시지를 교환하면서 대선의 이모저모를 확인하면서 자료 요청도 빈번했다 . 그는 미리 윤석열의 당선을 누구보다 미리 예측하고 있었다고 짐작된다 .

　더구나 매주 3 일간 병원에서 정기적으로 신장 투석을 받는 와중에 작년 말 심장 수술까지 받아 투병 중에도 윤 후보의 당선을 기정사실로 믿고 역작을 무사히 완성한 투지에 감탄할 뿐이다 . 이것은 오로지 그의 한국 정치에 대한 예지와 판단력에 힘을 입었다해도 과언이 아니다 .

　이 책의 발간을 계기로 한국과 대만 양국의 정치 교류에 새로운 장이 열렸으면 한다 . 유 선생께서 어렵게 펴내는 역저에 감히 추천사를 쓰게된 것을 무한한 영광으로 생각하며 앞으로도 그의 왕성한 활약을 기대한다 .

2022.5.10.

中譯文
台灣的知韓派人士劉順達

　　劉順達先生能在韓國大選結束之際，立即出書介紹在此次總統大選中勝利的尹錫悅大作《人民的呼喚：尹錫悅 韓國檢察官總統的傳奇故事》一書，是因為以台灣人平時就對韓國政治深刻瞭解之故。事實也如此，據我所知，他在台灣屬於屈指可數的知韓派人士。大韓民國與中華民國維持外交關係時，曾在駐釜山領事館工作，撇開外交官經歷，也可知悉他對韓國具有一份特別的感情。

　　本書的內容多元。從尹錫悅的出生、家庭、26 年檢察官經歷、投入政壇的動機、克服其間各種試煉的過程及當選總統之瞬間，最後並以政治評論者角度指出，尹錫悅的當選對鄰國台灣的啟示等，廣泛吸引讀者的興趣。

　　本人願意坦率告白，看到劉先生出版經過細緻的寫作過程事實，令我驚訝。透過彼此一天兩三次的文字訊息交換，一方面隨時仔細確認大選進展情況，另一方面請求我提供有關資料等，似乎他早已預測尹錫悅的當選。

　　尤其，難得的是，他一周三次在醫院定期洗腎，去年底又動了心臟手術。在臥病中，還一直相信尹錫悅當選無誤，並且順利完成這本書的鬥志，確實令人感佩。當然，這是他對韓國政治的銳眼與判斷力為基礎。

　　以此書的問世為契機，盼望韓國與台灣的政治交流能打開新的一頁。並且能為劉先生在艱困中完成的大作撰寫推薦書感到十分光榮，也期待他今後繼續能有活躍的表現。

2022 年 5 月 10 日

推薦文

宋昌鎬（韓國金烏工科大學 榮譽教授、國民之力黨 選
　　　舉對策本部 組織本部國民勝利特別委員會 常
　　　任顧問、國民之力黨 選舉對策本部 組織統合
　　　本部 全國廣域總括委員會 大邱廣域市委員長）

구국의 별, 윤석열 대통령 탄생

2022년 3월 9일, 윤석열이 대한민국 제20회 대통
령에 당선되었습니다.

대한민국은 문재인 정권하에서 자유민주주의 체제의
붕괴와 법치주의의 파괴로 사회 모든 분야에서 공정과 상
식이 훼손된 위급한 상황입니다.

이번 대선은 윤석열 후보가 온 국민의 지지와 환호를
받는 가장 큰 이유는 파괴된 법치주의를 바로잡고 공정과
상식이 통하는 자유민주주의 체제를 확립을 정치적 기치로

내세운것 때문이라 생각합니다.

삼권분립이 철저히 파괴되고 국제적 외교적 신뢰를 제대로 얻지 못한 이 어려운 상황에서 윤석열의 당선은 참으로 뜻 깊은 국가 대사가 아닐수 없습니다. 자유민주주의 수호를 위한 정권교체를 열망하는 국민다수의 염원을 해외동포와 세계인에게 널리 알릴 필요가 있다고 생각하는 시기에 한국에서 유학하여 박정희 대통령의 통치이념과 리더쉽 연구로 정치학 박사학위를 받은 유순달박사 (Sidney Liu) 의 윤석열 평전의 출간 소식은 매우 반가운 소식이라 믿습니다.

현재 대만에서 유명언론기관에 칼럼니스트로 활동하고 있는 한국 대만 가교 역할을 담당한 외교관 출신이기도 합니다. 주부산영사관과 대만대표부에서 근무하면서 양국 정부 고위층의 통역을 맡은 외교통이기도 합니다.

그 후, 중국 대학교의 초빙을 받아 대륙 각지 대학에서 한국어를 기르치는 교편생활을 한바도 있습니다. 그야말로 외교관과 학자를 겸비한 분이라 생각합니다.

본인은 유순달 박사의 열정어린 윤석열 대통령 소개 책자는 아시아 권역뿐만아니라 전세계 화교인들에게도 좋

은 기회라고 확신합니다.

　나아가서 이 책이 윤석열 대통령의 불의에 대한 강직함과 정의로움의 면면이 여러 독자분들에게도 잘 알려질수 있기를 기대합니다.

　어려운 병환 중에서도 대한민국에 많은 관심과 열정을 쏟아주신 유순달 박사에게 진심으로 다시 한번 감사의 말씀을 올립니다.

2022.5. 10.

中譯文
大韓民國救星尹錫悦總統的誕生

2022 年 3 月 9 日，尹錫悦當選大韓民國第 20 屆總統。

在文在寅政權下，不僅自由民主主義體制崩潰，並且因法治主義的破壞，社會各領域的公正與常識受損，國家面臨危機狀況。

此次大選，尹錫悦能獲得全國人民的支持與歡呼，其主要原因是，讓破壞的法治主義走向正軌，確立公正與常識通行無阻的自由民主主義體制，高舉鮮明的政治旗幟。

由於三權分立徹底破壞，讓韓國在國際或外交上無法得到信賴，處在艱難的環境下，尹錫悦的當選具有非凡的國家大事意義。

因此，為了守護自由民主主義，將熱望政黨輪替之多數韓國人民之念願，有必要廣為傳播至海外韓僑及世

人之際，欣聞曾留學韓國研究朴正熙總統政治理念與領導力取得政治學博士學位的劉順達（Sidney Liu）力作尹錫悅評傳出書，令人萬分驚喜。

目前，劉博士在台灣著名報章雜誌撰寫韓國政治的專欄作家，也曾為外交官從事兩國重要橋樑的外交通。曾分別在台灣駐釜山領事館和駐韓代表處任職期間，擔任韓國與台灣政府高層之口譯。後來，應邀短期在中國大陸各大學教授韓國語文，可稱為又是外交官也是學者。

本人確信，充滿熱情的劉順達博士有關介紹尹錫悅總統的這本新書不僅能成為亞洲，甚至全球華人認識韓國新任總統的良機。

並且進一步期待，各位讀者能深入瞭解，尹錫悅如何對抗不公不義的剛直個性與正義的真實面貌。最後，再次由衷感謝劉順達博士在病榻中，抱持對大韓民國的關心與熱情。

2022 年 5 月 10 日

序
人民的呼喚

2月15日起，無論在媒體或街頭巷尾，韓國選民可容易看到，尹錫悅正式在中央選舉管理委員會登記有案的合法競選口號廣告，不僅簡明又有力：「人民養育的尹錫悅，更換明天的總統」。充分代表了他這次當選總統的心聲與未來抱負。

1989年6月29日，韓國前總統盧泰愚推出「民主化運動」，將總統間接選舉改為直接選舉及單任5年制，施行至今。這是軍人總統盧泰愚所留下的豐功偉業，令韓國人讚譽。2021年3月4日脫下檢察官烏紗帽的尹錫悅選擇有意義的6月29日宣佈首次參政並暗示不會自行組織新黨，願意加入韓國第一反對黨「國民之力」為平黨員，正大光明參與黨內競選。

參政如同「良心宣言」般，一五一十吐出驚濤駭浪的諸多「尹錫悅名言」，確實打動了對文在寅政府不滿

的民心及正面衝擊浮動的整個社會。尹錫悅選擇在尹奉吉義士紀念館舉行記者會的第一聲就是「我應人民的呼喚而來」，並進一步指出：

「我只忠於憲法與人民，不看權力核心層的臉色」；

「追求公平、公正及正義，一切施政要合乎常理」。

3月9日，韓國選民終於選出第20屆新任總統尹錫悅。其間經歷第1屆總統李承晚到第19屆總統文在寅，有文人、軍人、政治人物、企業家、女性總統及人權律師等。但在憲政史上首次出現「檢察官總統」尹錫悅，尹錫悅的當選可謂是前所未有的一項歷史創舉。

尹錫悅沒有嚇唬的家世背景，只有26年專職檢察官經歷而已。其間，他跑過韓國各地縣市地方或高等檢察署，後來遇上人權律師出身的總統文在寅，沒想到從一名基層檢察官，一路被提拔至首爾中央地方檢察長及有任期2年保障的檢察體系「最高峰」大檢察廳檢察總長。

照理講，他可以「乘勝追擊」順利做滿2年任期，或許有一天更上一層樓擔任法務部長等。不料，因文在寅不滿尹錫悅調查文在寅本身、家族及其幕僚的多起弊案，兩人就此分道揚鑣，尤其讓尹錫悅無法接受的是，

文在寅採取雙重標準，當尹錫悅偵辦 2 位前總統李明博、朴槿惠弊案時拍案叫絕，然而依照文在寅頒發任命狀時的指示：「對現任政府的弊端也要嚴辦」行事，卻先後找來 3 位法務部長曹國、秋美愛及朴範界輪流利用各種卑鄙非法手段來逼退尹錫悅。

尹錫悅不是省油燈。個性絕不妥協，也不卑躬屈膝。於去年 3 月 4 日突擊式的採取了「不如自行歸去」的決定，主動打了文在寅一巴掌。尹錫悅辭職的理由很簡單：「我看不下去文在寅不斷踐踏憲法與法治，不僅施政言行不一，並且把人民當成狗牛不如，讓人民生活陷入絕境」。

文在寅只會在國內外吹噓自己的不動產和防疫政策如何成功，結果，造成年輕人買不起房子和不敢結婚生子及組織家庭，K- 防疫不僅讓中小企業紛紛倒閉，甚至負責人自殺，走上街頭舉行抗議示威。Covid-19 確診人日益上升，足以證明文在寅政府無能。

在此不得不論及文在寅執政 5 年的成績單。說實話，無論內政或外交各領域都不及格。大家都知道文在寅父母來自北韓，其本人是人權律師出身，經盧武鉉總統的提攜在青瓦台擔任重要幕僚，並無其他內閣首長行政經

歷。怪不得,連他的政治師傅盧武鉉都曾坦白指出:「文在寅不適合從政」。

這次,韓國突然吹起「尹錫悅現象」、「尹風」,無論是風力或雨勢超過颱風級,幾乎壓垮文在寅政府與執政「民主黨」所屬總統候選人李在明。韓國選民對5年來欲所不為的文在寅政府感到疲憊與失望之際,尹錫悅的出現讓他們重新點燃心中的希望,盼望透過大選審判文在寅及早日達成政黨輪替。

這場「尹風」的主人翁就是正式宣佈向文在寅和執政黨挑戰與直接投入選戰的尹錫悅,平時就經常把憲法與人民掛在嘴邊,從不向權力核心「輸誠」的剛強個性,此次獲得韓國選民,尤其年輕一代的信賴與支持,令人不意外。

文在寅一上台就以「清算積弊」的大帽子展開揮刀「殺戮」。據統計,文在寅不僅讓前任總統李明博和朴槿惠坐牢,兩屆政府官員包括國情院長、司法院長、高階將領及內閣首長近200人接受法律制裁,身敗名裂,也有人不甘自己和家人名譽受辱,其中4人選擇自盡,結束寶貴生命。如今,這場人為災禍,尹錫悅已說得很

清楚，交由司法依法處理，他不會介入。

　　韓國人民的眼睛是雪亮的，文在寅受到老天的懲罰。選前，原親近文在寅政府的市民團體「參與連帶」等開始爆料國有土地公社各種弊端，鬧出滿城風雨，認為文在寅口口聲聲號稱最有把握的不動產及住宅政策，根本就是騙人。年輕人與婦女選票都與文在寅一刀切割，透過大選，讓文在寅重重摔下。

　　未踏入政治圈之前，尹錫悅曾接受《朝鮮日報》獨家專訪時，首次以普通百姓身分砲轟文在寅政府「腐敗亡國」。果然不出其所料，2021年4月7日舉行的的首爾、釜山兩大城市市長補選，選民的憤怒如沖天砲直線上升，讓「國民之力黨」候選人吳世勳和朴亨埈高票當選。

　　民調是最直接的指標。尹錫悅還是檢察總長身分時就以1%支持率起跳，受到文在寅的側目，尹錫悅不得不緊急要求民調公司將他的名字拿掉。人氣還是持續沸騰，一日一個新行情，幾乎眼花撩亂，不僅各家媒體不敢相信，連各家民調公司所作的支持率，也自7%，一夜之間跳升為28.3%和32.4%，就已開始領先民主黨候選人李在明。

　　近 5 年以來，自從前總統朴槿惠被國會彈劾下台之後，老招牌「新國家黨」不僅失去執政，成為反對黨。其間不斷試圖脫胎換骨，改選黨代表、更換黨名，還是不見起色，其間的總統選舉、全國地方縣市長選舉、國會議員選舉等 4 戰 4 敗。終於在去年 4 月才得以在首爾、釜山兩地市長補選獲得大勝，收回 2 大重要陣地，穿上「改頭換面」的新服裝。

　　現改名成為「國民之力黨」，頗多資深黨員資格的人，其中也有曾參選總統落敗的人。問題是，此次臨陣磨槍，黨代表雖然選出一位僅 36 歲的新面貌李俊錫，但是，他不僅年齡和資歷都不具備參選總統資格。在這種政治現實環境下，自然尹錫悅成了各方注目的政治新人。尹錫悅不僅被文在寅打壓成「政治迫害者」的身分，也給韓國人民一個嶄露頭角的新面孔，給人印象是，他的一言一動表現正直與「舊政治人物」言行截然不同。

　　翻閱韓國近代史，歷任總統出身背景五花八門。從首任總統李承晚到現今卸任總統文在寅，有美國博士、軍人、政治人物及律師等，然而從未出現過檢察總長出身的人當過總統。專職檢察官出身的尹錫悅，這次能脫

穎而出當選成為總統，確實受到國內外注目。

　　從這次韓國選民自始渴求審判文在寅與政黨輪替的雙重強烈要求下，因此，尹錫悅的當選順理成章。無論是國內政治、外交與對北韓關係，從文在寅留下來的「破爛家產」要重新搬移至手術室開刀，確實也是今後尹錫悅要面臨的一大課題。

　　尹錫悅接受人民與時代的呼喚，這也是韓國人民的至上命令與希望。西諺：「Well begun is a half done.」（好的開始是成功的一半）。誠懇盼望尹錫悅能帶領韓國人民走出「四分五裂」的現實政治陰霾，跳脫政治理念，包容並整合全民，找回「大韓民國」建國初衷的理想。

　　希望透過這本書能多幫助讀者了解韓國新任總統尹錫悅的過去、現在及未來。並且期待這本拙作能對台灣政治提供一些參考改進的建言，或許更能符合作者的願望。敬請各位讀者給予不吝指教。

2022 年 5 月 10 日

劉順達謹識

於成功國宅

STORY ONE

尹錫悅的生涯

出生書香家庭

　　《禮記・大學》謂：「古之欲明明德於天下者，先治其國；欲治其國者，先齊其家；欲齊其家者，先修其身；欲修其身者，先正其心；欲正其心者，先誠其意；欲誠其意者，先致其知；致知在格物。物格而後知至，知至而後意誠，意誠而後心正，心正而後身修，身修而後家齊，家齊而後國治，國治而後天下平」。

　　《禮記》是不變的金科玉律。人的出生背景各式各樣如萬花筒，不管來自家財萬貫家庭，或祖先是皇親國戚，或貧民窟出身，第三者無法評論好惡，最重要的是修身、齊家的家庭教育。尹錫悅父母都是教育家，父親尹起重是現任延世大學商經學院應用統計學系榮譽教授，畢業於國立首爾大學經濟系，曾留學日本，只具碩士學位，因為那個時代不需要一定獲有博士學位才能出任大學教授。

　　當時，因具有博士學位教授不多，韓國教育部特

別准許各大學無博士學位的教授可至其他大學「半工半讀」，相互「交換」博士學位一時成為潮流。有如此好的可容易獲得博士學位機會，但是，有學術風格的尹起重卻拒絕「同流合污」，選擇一輩子的「碩士教授」抬頭教育學生，照樣桃李滿天下後退休，至今仍是廣獲各界尊崇的學者。

依據《尹氏家譜》記載，尹起重為波平尹氏第 34 代，忠清南道論山出身，屬於「兩班」（稱呼古代高麗國和朝鮮國的貴族統治階級與學者官吏）家族。如今，上一代祖先在論山地區留下的書院、宗祠及古宅等均是儒教文化的重要資產，每年由中央和地方政府特別編列預算來共同管理與保護。

常言道，有其父必有其子。尹錫悅可以說自小受到「家風」影響，詩禮傳家、忠孝傳家、耕讀傳家、忠勇傳家、勤儉傳家及義理傳家。認識尹錫悅的朋友一致說法是，父子二人都堅持與重視做人做事的「原則」。不可否認，迄今父親的 DNA 全部灌溉至尹錫悅的全身血液中，是令人羨慕的父傳子典型模範。

母親崔靜子曾任梨花女子大學助理教授。原本崔靜

子可以作到退休為止，但為了家庭，在父親的再三勸導下離職。在一次電視訪談中，尹錫悅表達對母親的愧疚之心。他說，母親不應提早離開教職，就是因為要全心照顧他和家庭放棄教職。外婆在江陵經營布店，屬於當地的富裕家庭，外婆個性外向，尹錫悅認為母親很像外婆，適合經商。

尹錫悅是出名的孝子。在職場公私百忙中，定期利用週末與父母在外聚餐，後來因父母年邁不喜歡外出，只好親自在家下廚，做幾道父母喜歡吃的料理共進午餐或晚餐。有一天，父親開玩笑地對他說：「兒子啊！公職退休後，你可以開一家餐廳賺錢」。婉轉讚許尹錫悅的廚藝高明。

父子二人也喜歡小酌一番。尹錫悅在父親擺滿經濟專業書籍的書房裡，與父親面對面一邊喝酒一邊授課，父親經常買書或介紹新書給他閱讀。當母親先入睡，酒菜用完時，只好由尹錫悅下廚做菜，二人繼續喝酒、討論。因此，尹錫悅學會在大人面前喝酒的良好習慣與禮貌，與同學、同仁聚餐喝酒從來沒有「酒後亂來」的紀錄。

在韓國傳統保守社會，男人下廚房做菜是會被取笑

的事。然而尹錫悅自幼在外婆家學會做菜。最拿手的菜包括蛋捲、烤肉及泡菜豆腐湯等，幾乎達到職業廚師級水準。選舉期間，他開設「尹氏廚房」，一面邀請家庭主婦品嚐他親手做的料理，另一方面交換意見，聽取民眾對時政的看法與建議，另類爭取選票的方式獲得各界一致好評。

父親家教甚嚴。據尹錫悅在一次電視娛樂節目中坦承，大學二年級時期，有一次因與同學喝酒晚回家，被父親痛打一頓，讓在旁看的母親也心痛地哭起來。俗話說「不經一事，不長一智」，一次教訓，一次經驗。日後，尹錫悅學會決心不再犯第二次。

尹錫悅屬於很會體貼妹妹尹新媛的溫暖「歐巴」，一家4人和睦相處，尹錫悅不僅是在父母寵愛中成長的乖巧又可愛孩子，也以長子、哥哥身分照顧妹妹。因此，可以說，在優渥環境長大，生性自然也養成樂天派。「海派」個性的尹錫悅，在司法考試連戰連敗，沒有正當收入的困窘下，每逢朋友的婚喪喜慶還都少不了他的身影。有一次，朋友夫妻吵架，太太丟下幼兒離家出走，朋友要去上班，只好請尹錫悅照顧，當起「代母」角色相當

稱職。後來朋友為他取名「尹主婦」。

　　26 年檢察官生涯不能說一路順暢。有時，辦案得罪上級，結果從首都首爾放逐到地方縣市。光棍一個人「流浪」在外，洗衣、做飯統統要自己來。或許是這個原因，讓他精專料理。但他也是「美食家」，在各地工作之餘，喜歡走遍地方的每個巷街角落，尋找並品嚐那裡的特色名菜。

　　大家都喜歡說，愛讀書的小孩不會變壞。尹錫悅生長在教育家庭，自幼就是乖巧的模範生。在韓國能考上國立首爾大學法律系，就屬於人生的勝利組。不僅未來的官位有保障，當上法官、檢察官或律師，在威權時期，人稱「大人老爺」，非常威風。

　　有趣的是，法官、檢察官或律師不僅象徵權力，也代表錢財。因此，媒婆事先到法律系「訂約」，並主動開出「名家」或「富豪」待嫁女子名單，讓你挑選。韓國社會的另類結婚媒介奇特現象，恐怕在台灣或其他國家也找不到。

　　多年前，在報章看到如此一則新聞，引起共憤。一位高中女孩跟一名大學法律系高材生交往，這位女孩體

貼溫柔，家庭屬於小康，4 年來一直支助這位貧窮家庭
出身的大學生學費及生活費等，當然希望自己有一天能
成為未來的檢察官或法官夫人。這位大學生畢業後如願
考上司法考試成為一名法官，結果有一天在媒婆的介紹
下，卻與另外女子結婚，把曾經幫助他的「女朋友」無
情拋棄。後來，這位女孩痛心疾首之下選擇自盡。不知
這位法官大人良心有沒有受到譴責？當時大家批評這名
法官的品行不如「忠狗」。

　　星雲大師大作《迷悟之間》裡有一篇文章《家教的
重要》提及歷史上有很多名人所以能夠功成名就，都要
感謝有良好的家教。他並舉出 6 項最要緊的現在家庭教
育：1. 處世的誠信；2. 良好的習慣；3. 禮貌的品德；4. 接
受的性格；5. 勤勞的美德；6. 正常的生活。尹錫悅在兩
位教授父母養育之下成長，似乎以上條件都不缺少，所
以才會有今天的亮麗成果，絕非偶然。

　　韓國朋友愛讀的《明心寶鑑》一書中說：「欲知其
君，先視其臣，欲視其人，先視其友，欲知其父，先視
其子，君聖臣忠，父慈子孝」。尹錫悅作人處事的哲理
全都包含在這幾句話裡面。

學經歷一目了然

父親：尹起重

母親：崔靜子

本人：尹錫悅（Yoon Suk-yeol）

妹妹：尹新媛

一家 4 口。

- 2012 年 3 月 11 日與金建希結婚膝下無子女
- 1960 年 12 月 18 日出生於首爾
- 1976 年入學忠岩高中
- 1983 年首爾大學法律系畢業（法學學士）
- 1988 年首爾大學法律研究所畢業（法學碩士）
- 1991 年第 33 屆司法考試合格
- 1994 年大邱地方檢察廳 檢察官
- 1996 年春川地方檢察廳 江陵支廳 檢察官
- 1997 年水原地方檢察廳 城南支廳 檢察官
- 1999 年首爾地方檢察廳 檢察官

· 2001 年釜山地方檢察廳 檢察官

· 2002 年法務法人 太平洋律師事務所 律師

· 2003 年光州地方檢察廳 檢察官

· 2005 年議政府地方檢察廳 高陽支廳 檢察官

· 2006 年議政府地方檢察廳 高陽支廳 副部長檢察官

· 2007 年大檢察廳 中央搜查部 檢察研究官

· 2008 年第 46 任 大田地方檢察署 論山支廳 檢察長

· 2009 年大邱地方檢察署 特別搜查部 部長檢察官

· 2009 年大檢察廳 犯罪情報 2 擔當官

· 2010 年大檢察廳 中央搜查 2 課長

· 2011 年大檢察廳 中央搜查 1 課長

· 2012 年首爾地方檢察廳 特別搜查 1 部 部長檢察官

· 2013 年第 55 任 水原地方檢察廳 麗州支廳 檢察長

· 2014 年大邱高等檢察署 檢察官

· 2016 年朴永秀特別搜查組（調查朴槿惠特偵組） 搜查組長

· 2017 年文在寅總統任命為第 59 任首爾中央地方檢察廳 檢察長

· 2019 年 7 月文在寅總統任命為第 43 任大檢察廳 檢察

　　總長

· 2021 年 3 月 4 日自行辭去檢察總長

· 2021 年 6 月 29 日宣佈投入政治

· 2021 年 7 月 30 日正式加入國民之力黨

· 2021 年 11 月 5 日當選為國民之力黨第 20 屆總統候選人

· 2022 年 2 月 14 日正式註冊成為第 20 屆總統候選人

· 2022 年 3 月 9 日當選為大韓民國第 20 屆總統

· 2022 年 5 月 10 日宣誓就職

體重：100 公斤（尹錫悅自稱）

身高：178 公分

血型：AB 型

信仰宗教：無（因國小、國中都在基督教學校求學，因此有洗禮名叫「聖安博」之說法）

　　由以上可以綜合觀察，尹錫悅放棄 26 年專職檢察官投入政治路程非常單純，除了有 1 年時間當律師之外，沒有走過旁門左道。因此，完全沒有一般政治人物身上的「銅臭味」，可稱是一位乾乾淨淨的政治素人。

　　尹錫悅攻擊文在寅的不公不義與台灣自行選擇自盡的前立委、教授龐建國同出一轍，他留下「不公不義的台灣，我生不如死」12 字訣別，字裡行間充滿對當前執政者的怨恨。與韓國總統當選人尹錫悅的一段活生生的經驗幾乎類似。

　　尹錫悅國立首爾大學法律系畢業（相當台大法律系）。報考司法官考試連續 8 次落榜，最後第 9 次才榜上有名。從基層檢察官一路爬上首爾中央地方檢察長、檢察總長，堅持檢察官依法偵辦原則，把自己都關在檢察體系 26 年的鐵籠，完全未涉入政治。

　　依韓國憲法規定，檢察總長由總統任命，任期 2 年受到保障。尹錫悅原本可做到 2021 年 7 月底任期屆滿為止，然而偏偏遇上不遵守憲法、不按牌理出牌的文在寅總統。其實，某方面來說，文在寅是提拔尹錫悅的「恩人」，沒想到，卻因尹錫悅調查文在寅及其身邊幕僚的各種弊案，一夕之間得罪了文在寅。

　　這不是尹錫悅的錯，是文在寅自行食言，惹火燒身的禍根。2019 年 7 月，文在寅在青瓦台親自主持頒授檢察總長任命狀儀式時，公開讚揚尹錫悅忠肝義膽，依

法嚴懲前任總統李明博和朴槿惠受賄案，並且當場再三叮囑尹錫悅：「今後也要以同樣標準嚴辦現任政府的弊案」。

　　不料，尹錫悅依據文在寅的指示，認真偵辦青瓦台7個單位幕僚共同策劃及非法介入文在寅的30年至友宋哲鎬律師當選蔚山市長案及為達成廢核家園目的，將正在運作中的核電廠強制關閉等弊案。文在寅卻表現出，尹錫悅能有今天，是我一手提攜，你豈敢動我身上一毛的傲慢。

　　於是，文在寅找來曾任法官和國會議員的法務務部長秋美愛想盡辦法要除去尹錫悅的職位。尹錫悅被迫停職2個月後，行政法院則判決認為處分不當予以解除，尹錫悅才得以恢復工作崗位。然而，秋美愛心不甘繼續發動不正常的人事移動數次，將所謂的「尹派」檢察官外派至偏遠的小城市或擔任閒置工作，綁住尹錫悅的手腳，讓他無法掌握指揮權，動彈不得。

　　這場驅逐尹錫悅遊戲彷彿武俠小說情節，無法想像。還好尹錫悅有先見之明，在文在寅不知不覺到的尷尬情況下，去年3月突然自行宣佈辭職，聲明中嚴厲譴責文

在寅不公不義，破壞憲法與法治。尹錫悅不僅自行從各種迫害繩索解脫，並且獲得韓國人民的熱烈掌聲。

結束 26 年檢察官生涯後，暫時遊手好閒，大門緊縮蹲在家裡勤讀各類書籍。在周遭朋友的屢次勸勉下，7 月加入韓國第一反對黨「國民之力」，又經過黨內的激烈競選，11 月正式當選為黨內總統候選人，成為與執政「民主黨」候選人李在明角逐第 20 屆總統寶座的唯一強棒對手。

完全沒有從政經驗，如同白紙一張的尹錫悅能在數個月短暫時間內脫穎而出，掛名成為韓國明天政治明星，其傳奇故事不尋常值得玩味。一般來說，把尹錫悅從檢察體系鐵籠引出來的人就是總統文在寅。尹錫悅所以能獲得選民的熱烈支持，當選為總統的主要原因是，他不懼現政府的恐嚇利誘，堅持勇敢抗衡不公不義的文在寅。

其實，尹錫悅的從政理念非常單純明瞭。忠於人民、忠於憲法，服務人民。韓國自 1987 年民主化之後制定的 5 年一次大選，在此次選民熱切希望政黨輪替的要求下，確實讓尹錫悅佔到地利之便，期間各家民調支持率也一

直領先李在明等其他候選人。

在韓國「不公不義」透過大選轉化成選票。甚至，這股力量推動尹錫悅順利當選總統，為國家與人民點燃新希望。在民主政治發展過程中，這是台灣與韓國最不同的現實政治環境。尹錫悅的高中同學也是《尹錫悅的真心》一書作者，記者退休的李京旭在其書中就明快的評價尹錫悅是一位「寬弘磊落」的人。深為準確又貼切的真心語。

不知是否是受了經濟教授父親尹起重之影響，尹錫悅自幼手不釋卷，也喜歡讀經濟學方面的書籍，其中，最愛的一本書是 Milton Friedman 的大作叫《Free to Choose》。一般認為，尹錫悅不同於其他檢察官，不僅專精《六法全書》法律書籍，並且研究有關經濟領域專書，早已具備挑戰總統大位的資格。

韓國如同台灣一樣，從農業國家一路發展到工業國家，現在進入第 4 次產業革命時代，無論在半導體及 AI 方面，台韓競爭十分嚴峻。兩國都屬於靠經貿「吃飯」的國家，韓國歷任總統都重視經濟發展，當然今後對尹錫悅也是一項新挑戰。

如果把前總統朴槿惠於 2012 年的揮毫書法作品以下幾個字，現在送給尹錫悅當選人更為錦上添花符合不過了。

「自信、善良、骨氣、堅強」。

可以大膽地說，尹錫悅是一位具備了以上自信、善良、骨氣及堅強的人，也是普受韓國人民尊敬的主要原因。

本書特別彙集尹錫悅在韓國政治史上所創造的「第一名」紀錄，可供讀者參考大略如下：

1. 國立首爾大學法律系出身

2. 首爾出生

3. 1960 年代年齡

4. 雙親健在

5. 檢察官出身

6. 從無競選民代經歷

7. 得票率差距最少（0.73%）

8. 得票數最多（16,394,815）

9. 無子女

10. 免役

11. 領養最多寵物（狗、貓）

12. 歷任總統中，體重屬於最重（90kg）

13. 總統夫人個子最高（171cm）

14. 夫妻同為韓國棄養協會會員

15. 打破政黨執政 10 年週期慣例

廣結善緣的個性

　　有一句老生常談的話：「在家靠父母，出外靠朋友」。人的一生，在茫茫大海中，環顧四周圍有多少屬於知己的朋友呢？若拍著胸脯真正吐露內心話，可以說屈指可數，談起西諺：A friend in need is a friend in deed. 有時或許更覺得自己很可憐。

　　尹錫悅的豪爽交友個性不僅是屬於自然型，並且擋不住，他人要學習也真不容易。說不定這是上天賜給他的一份一生享用不完的珍貴禮物。從尹錫悅的大學同學異口同聲地回憶說：「尹錫悅喜歡交朋友，酒量也屬海量」評語，以及他的檢察官同事不管層次高低、前輩或晚輩也一致都稱，吃飯喝酒全都由尹錫悅一個人出錢，就可知道此人是「海派」、「交友」專家。

　　曾任韓國第 39 屆檢察總長，也是尹錫悅的前輩檢察官蔡東旭曾評價他稱：「尹錫悅不僅是細緻又具廣博法律知識的理論家，並且是一位辦案能全力以赴獻身勇氣

十足的檢察官」。上司對部屬有如此的評定一定是近距離的多年觀察，屬於肺腑之言，絕對不是誇大其詞。

　　知名律師文康培與尹錫悅不僅是大學時期的親密同學，1996 年文康培在江陵支院擔任法官時，尹錫悅就在隔壁的江陵支廳擔任檢察官，因此兩人互動甚密。2019年 7 月，文康培長女結婚時，尹錫悅親自參加婚禮祝賀。文康培律師說：「在一起的同學中，個性豁達的尹錫悅喜歡交朋友，非常講義氣」。

　　另一位國小、國中同學，已故旅美哲學家金源裕教授曾在自己的臉書上指出：「尹錫悅是正義的司徒。並且是不懼權勢，堪稱威風堂堂之士」。他不僅是專注依法辦案稱職的檢察官，對解決國家的現實困境也提出高見，常常提醒全體檢察官切實執行，非常難得。

　　2019 年就任檢察總長時在典禮上就曾強調：「從現在起，檢察官要更集中力量遵守與維護自由民主主義與市場經濟秩序之本質」。似乎不像一位檢察總長要講訓勉的守法、廉潔之類的話，應該是總統或總理對行政團隊指示的話。足以可見他的遠見與大器。

　　此次在短暫時間內組織龐大的大選陣營，可謂充分

發揮了他的交友優勢，真看不出尹錫悅是一名政治新人。陣營裡的參謀和助力者的出身與背景堪稱五顏六色，在選舉對策本部「人才濟濟」：包括前、現職國會議員、前、現職官僚、檢察體系、專家、前民主黨人士、知己及良師等。

這批人願意公開出面助選，主要原因是，他們共同認為尹錫悅是講義氣，有情理的領導人，一旦相信某人就徹頭徹尾相信，不會懷疑。2021 年 11 月 12 日尹錫悅接受《月刊新東亞》記者採訪時就曾指出：「人很重要。組織與制度雖重要，更重要的是這個人會不會做事」。因此，他擔任首爾地方檢察廳檢察長和大檢察廳檢察總長時期都重用曾一起偵辦案件有經驗的晚輩。

參與助選陣營的前首爾東部檢察廳檢察長，目前任職律師的石東炫不僅是尹錫悅的國立首爾大學法律系同班同學，也是 40 年知己。另曾擔任外交通商部第 2 次長的高麗大學國際研究所教授金聖翰，是國小、國中同學。石東炫和金聖翰兩人擔任智囊團成員，各自在法律、外交及安保領域提供寶貴建言。

2021 年 12 月 6 日選舉對策委員會正式啟程時，尹錫

悅致詞指出：「要向中道與合理的進步派擴充支持的基石」、「100 項事情中，若有 99 項不同也無所謂，只要有政權輪替 1 項共識一致，就可以彼此攜手合作」。這是他廣結善緣，海納百川及贏得大選的重要資產。

我們常說：Sound body, sound mind. 有健康的身體才有健全的心理。從這次競選活動期間，尹錫悅一天只睡 2 至 3 個小時，仍不喊累，精力旺盛，台上台下歡欣鼓舞，讓一起全國走透透的大選陣營幕僚稱讚不已。這句西諺套在尹錫悅最適當不過了。

身壯體胖也有好處。尹錫悅在一次國會殿堂，受到執政「民主黨」國會議員無理指責時，當面回應「我的體重有 100 公斤，大風大雨也不會吹倒」，他的幽默，一時搞得朝野國會議員哈哈大笑。後來，在國會被質詢時，尹錫悅總是以據理力爭，原理原則回答朝野國會議員，讓他們不得不「退避三舍」。

古云：身體髮膚受之父母。尹錫悅的確身材高大，骨骼如鋼。或許這是得自父母的 DNA，也許是因為他酷愛各種運動，包括足球、籃球及棒球等，自高中時期就是學校風雲人物。同學們還記得進入棒球名校忠岩高中

時，他獲選為棒球校隊，也是一位韓國職業棒球迷，與不少職棒選手交情甚篤。

在此不得不提一下韓國國家考試制度。分為 3 大類：行政、外交、司法。司法考試合格後有 3 條路可走，一是法官；二是檢察官；三是律師。如果大學時期有參加學生運動紀錄，就不能當法官或檢察官，只能專職律師這一行。總統文在寅就是這個例子，因有學運不良紀錄，從未有機會任職法官或檢察官，進入青瓦台之前，一直在釜山經營法律事務所，從事人權律師。

其實，尹錫悅與文在寅出身司法人員，但是兩人想法不同。尹錫悅念法律系的原先目的是要做法律系教授，想繼承父母的教育職業，不是走檢察官路程。人算不如天算，看到同班同學 146 名先後都考上法官和檢察官。他也就選擇了服務人民與國家的公僕之路。

在韓國非常奇特又有趣，台灣等其他國家沒有的是，寺廟成為司法官考試的搖籃。大學時期或大學畢業後，有志做法官或檢察官的人準備簡單的衣物，離開吵鬧的城市，選擇全國寧靜的各地大小寺廟自行苦讀，有一天終於考上司法官，不僅光耀祖先，並且收入非同小可。

有的寺廟因培養出不少法官和檢察官聞名全國，這些人
也會回報寺廟和協助照料的和尚。

選舉期間，執政民主黨陣營裡有人比較和批評尹錫
悅頭腦比李在明笨拙，提出的理由是，尹錫悅費力 9 次
才考上司法官考試，李在明卻只有 2 次就考取。這是見
樹不見叢林之片面之詞，考試不能代表每個人的聰明與
愚蠢。屬於黑色宣傳的選舉語言，很多人無法同意。

有關尹錫悅晚婚的原因則有諸多說法。大學同學眼
裡，一方面是司法考試挑戰 9 次後才當上檢察官，因此，
年齡上比其他檢察官大一些，另一方面檢察官職位工作
經常調動，由不得自己，住處遍及全國各地不定，無心
安家。應該說，屬於「大器晚成」型。

在競選總統期間，多次受邀各家電視台的綜藝節目，
尹錫悅的廚藝才有機會對外公開。原來是「獨自生活」，
不必上料理補習班，自己練出來的功夫。韓國人稱的「愛
妻家」是指台灣的愛太太的男人；「恐妻家」則是指怕
太太的丈夫。據夫人金建希表示，尹錫悅答應為她做一
輩子的飯，至今已 10 年沒有中斷。

愛心滿天下。尹錫悅不僅愛太太，也酷愛領養寵物。

目前，尹錫悅與夫人金建希都是韓國棄養動物協會正式會員，會員約有 1,500 人。他家裡收養的 5 條狗 3 隻貓都是棄養動物或朋友、鄰居送的。尹錫悅不僅擅長跟很多人結緣，也默不作聲地從事善舉。

有一次記者問尹錫悅自己何時最感到幸福？他立即回答說：回家與狗和貓相處時最感幸福。幸福的人不是有財富就幸福，也不是有權勢就幸福，更不是有學識的人就幸福，心胸寬大，並且能包容、寬恕他人，知道將愛與人分享的人才是幸福的人。

星雲大師對廣結善緣一詞註釋最清楚不過。他說：人是依靠因緣而生存在這個世界上，一個人的力量是單薄的，應該多多廣結善緣，因緣愈多，成就愈大。有時一句好話、一件善事、一個微笑，都能給我們的人生廣結善緣，成就大好功德，所以，每個人都不能輕易放棄任何結緣的機會。

棄官從政的勇氣

　　說實話，世界金氏紀錄若有這一條「棄官從政僅 8 個月當選總統」項目的話，這地球上，恐怕只有尹錫悅一人獨得。最起碼，在韓國歷任總統中，他已創下這一項紀錄。從職業檢察官直接跳上總統寶座。說是簡單容易，但絕非人人可夢寐以求的事。

　　一般來說，公務員是「鐵飯碗」，誰都不願意中途自行或被迫下車。有人患上嚴重糖尿病，一隻腿被切斷，還是拿著拐杖，由子女開車上下班接送。甚至，記了大過、小過等懲處，厚著臉皮照常上班，每月薪資照領。敢說，非要幹滿 65 歲才寧可退休，這是長久以來公務員社會的一種通病，難以治癒。

　　尹錫悅坦承，自行辭去他 26 年公職，確實曾有過一番掙扎，但他的勇氣全來自人民。5 年以來，文在寅把韓國和人民搞成四分五裂，我行我素，讓西方媒體將形容文在寅施政方式的四字成語「내로남불」（我做愛是羅

曼蒂克，他人做愛是強姦）音譯成「Naeronambul」編入英語辭典。真可謂是文在寅的獨創，也把韓國人的臉丟到全世界。

在這種國家危機意識下，尹錫悅毅然選擇辭去他所熱愛的檢察官工作，不能讓國家和人民繼續遭受這種痛不欲生的日常生活。為了解決眼前的困境，只有自己跳入火海，與人民共同攜手同心，找出「政黨輪替」藥方治療。

剛開始，周遭的不少朋友抱持「半信半疑」態度。有人認為，尹錫悅還是抱緊檢察官他所熱愛的工作繼續埋頭苦幹；也有人主張，忍辱負重有限，已被文在寅逼退至懸崖，不得不及時脫下烏紗帽，與人民站在一起。

尹錫悅對韓國以議會為中心的政治，若與美國和英國制度比較，甚為不解。當然，這與文在寅的關係撕裂及執政黨擁有 172 席次有關。其間，文在寅與民主黨所推動的法案與民生無關，根本脫離民心所望，因此，也無法解決人民內心充滿已久的糾葛與痛苦。

韓國朝野國會議員如候鳥，以自己的政治利害關係為優先考慮，或者以政治見解，隨著政黨輪替等政治氣

候變化，完全不顧個人的名譽與人格，從這黨跳槽至其他黨。離合集散變成家常便飯，讓人民瞧不起這些政客。

　　文在寅上台之後，舉行的國會議員選舉，執政黨抱走 300 席中的 172 席，這種情況在韓國傳統政治實在少見。當然，當時受 Covid-19 疫情影響，文在寅以各種名目到處「金援」，等於暗地買票。國會殿堂成了一黨獨裁專政，暗藏政治目的的各種經濟與民生法案強力通過，如今其後遺症陸續發生，受害者是全體韓國國民。

　　由於反對黨淪為 110 席少數黨，在國會失去發揮牽制政府的作用。依據大韓民國憲法，雖嚴格規定三權分立，但國會也一面倒向政府的權力，反對黨又無力，只能瞪眼看戲。尹錫悅身為檢察官曾偵辦許多國會議員與大企業家的各種弊案，因此，對於文在寅和現實政治不滿的心一直在他的內心深處醞釀。

　　既是如此，尹錫悅知道自己的身分，對外發言仍然慎重，不批評文在寅，也對時政不作任何評論。反而，媒體依據各家民調數據，把尹錫悅的名字抬出來與民主黨方面有意參選總統的人士，例如該黨代表李洛淵和京畿道知事李在明排成一列。因此，他不得不主動要求民

調公司與媒體踢出「尹錫悅」三個字。

　　樹欲靜而風不止。韓國國內政情變化多端，文在寅為確保自己能安全卸任，掛名「檢察改革」，以國會多數席次優勢，強行通過《高位公職者犯罪搜查處》（Corruption Investigation Office for High-ranking Officials）與《檢方調查權移轉至警方》等，企圖剝削檢察總長尹錫悅的職權。進而受到停止職權 2 月處分，接著進行行政法律訴訟。最後，尹錫悅雖贏得訴訟，回到自己的工作崗位，但已心力交瘁。

　　在韓國組織社會，一個人要單獨生存很困難。因為，比法律更重要的是，要仔細觀察周圍的諸多「眼神」。法律是合議的法條，字字有明文規定。但是，眼神就不同了。不僅屬於主觀性，依據狀況也可以隨時改變。如果，只強調自己的信念與原則，不顧周邊眼色的話，一個人就會變成「棄兒」。

　　對法律人尹錫悅來說就是棄兒個性。他只看法律與原則辦案，不左看右觀，選擇一直線。他得罪文在寅的起因就是，偵辦曹國一家人偽造文書案。曹國是國立首爾大學法律系教授，太太鄭慶心則是私立東洋大學英語

系教授，兩人育有一男一女。經過大法院判決定讞 4 年有期徒刑，目前正在坐牢的鄭慶心為子女都能上好大學，以偽造各種獎狀等文件「特權」方式後門入學。無故讓很多學生排除在外，一時造成「不公平」入學的社會新聞沸騰。

曹國百分之百是文在寅的得力親信，也是抗日的強棒助手。曹國公開主張，韓國人要拿「竹槍」抵抗日本。文在寅曾在新年記者會中，直接告白他欠了曹國很多，十分虧心。至今，很多韓國人不知道文在寅到底欠了曹國什麼。在這種現實下，尹錫悅大膽偵辦曹國，簡直犯下「反抗天王」的大罪。

尹錫悅與曹國無私人恩怨，尹錫悅只依據證據與檢察官的原則偵辦起訴鄭慶心，再交由法院程序判決，一直到最高法院定讞。因此，文在寅雖曾技巧地找來大法院長金命洙暗示求援法官，但是在鐵證明確下，金命洙也無能為力。目前，長女的醫學院畢業證書已被釜山大學校方取消，至於曹國本人的弊案仍在檢方手中。

3 月 21 日《朝鮮日報》資深記者、著名專欄作家金大中在其專文中指出：尹錫悅不像其他政治人物大部分

都背負一大包的沉重「政治包袱」，他是直接從檢察官「空降」下來當選總統，因此，選民賦予他的任務非常單純，未來 5 年任期內，清掃文在寅的各種積弊，確立民主主義與法治，找回大韓民國的原來身分證。

金大中的忠告，如果尹錫悅能兌現，他棄官從政的勇氣才不會辜負韓國選民的期待。

企業家夫人金建希

- 1972 年生（原名：金明信）
- 2012 年 3 月 11 日與尹錫悅結婚
- 1996 年畢業於京畿大學 繪畫系（學士學位）
- 1999 年淑明女子大學 教育研究所 美術教育系畢業（碩士學位）
- 2008 年國民大學 Techno Design 專門研究所 設計學系畢業（博士學位）
- 2012 年首爾大學 經營研究所 經營學系畢業（經營專業碩士學位）
- 獲獎：第 2 屆藝術殿堂展覽部分最優獎、記者獎、最多觀眾獎等多起
- 現任：株式會社 Cobana 代表（2007 年創業至今）、展覽企劃專家

　　從以上金建希的學經歷可以看出，這位美麗大方的

女士是一位「文武雙全」的現代女性，不僅擁有專業設計博士學位，並且也是企業家。她出生於一個富裕家庭，想念書就一直攻讀博士，搞生意賺錢就經營企業。

不幸，尹錫悅競選期間，執政民主黨陣營找不到尹錫悅的把柄，卻無故找來金建希百般流言攻擊，幾乎到達放肆、瘋狂水準。首先放話說，金建希曾在首爾一家著名酒店上班，匿名叫「朱莉」。金建希立即反駁，我家有錢，母親絕不會讓我偷跑去酒家工作。

甚至一家無名的 YouTuber 李姓攝影記者，以協助金建希母親司法案件為由靠近金建希，偷拍及錄影 60 次製作所謂的「金建希 7 小時錄影帶」節目，送去親政府電視台 MBC 和 KBS 分別播出，意圖損害尹錫悅的選情，反而弄巧成拙，讓尹錫悅夫妻行情高漲。

MBC 於 1 月 16 日（星期日）晚間 8 時黃金時段播出金建希的「7 小時錄音檔案」，收視率高達 17%，表面看來「豐收」，但骨子裡「灰頭土臉」，受到來自四面八方的抨擊，得不償失。

MBC 的醜聞可謂玩火玩大了。播放的錄音檔案並非是由自家電視台記者採訪所得，而是由一家無名的 YT

《首爾之聲》李姓攝影師提供，於去年 7 月至 12 月假借願意從旁協助解決金健姬母親的訴訟案件取得尹錫悅太太的信任，透過 60 多次電話採訪及密錄談話內容製成。

爆料內容不僅不是大條，也未損毀尹錫悅蒸蒸日上的人氣。沒想到，節目播出後，尹錫悅、金建希夫妻二人「反敗為勝」。尹錫悅的民意支持率遙遙領先李在明，讓李在明對 MBC 不滿，認為自找麻煩。金建希的社群粉絲也突增 10 倍以上。MBC 事件告訴韓國選民，黑色宣傳和政治煽動動搖不了民心與選票。

金建希個性豪爽，但討厭政治。尹錫悅於 2022 年 1 月 11 日舉行的新年記者會中告訴記者一段從政插曲，當他向太太表示要投入政治時，金建希丟下一句「先去家庭法院蓋章再說」，意指要參加政治活動，就先跟我離婚。

在韓國傳統上，一向稱呼總統夫人是「令夫人」、「國母」，並且在青瓦台編制「第 2 附屬室」，專門負責總統夫人的業務。其間，韓國人經歷不少總統夫人。一般來說，評價不一。強悍軍人總統朴正熙夫人陸英修至今普遍受到韓國人崇敬，然而對全斗煥夫人李順子和

文在寅夫人金正淑則另眼相看，認為「走在先生前面」
等太 Over 了。因此，尹錫悅決心廢除第 2 附屬室，希望
金建希只作「賢內助」，並且將令夫人改稱為總統夫人。
尹錫悅的新作風，引起注目。

民主黨競選陣營不放手，又找尹錫悅的岳母算帳來
打擊尹錫悅，一心一意籌劃行情日益高漲的尹錫悅總統
選舉落敗。尹錫悅從檢察官、檢察長至檢察總長 26 年檢
察生涯期間，不僅潔身自愛、清廉，經常以自己的薪俸
慰勞同儕和部屬，受到部屬的尊敬。當文在寅百般施壓
尹錫悅時，這批人就起義護主，即是所謂的「檢察官集
體抗命事件」。

文在寅曾為人權律師，當選總統後立即推動司法改
革。但一般的認知是，文在寅所謂的司法改革是針對檢
察體系而來，並非是對法官和法院，因為現任大法院長
金命洙是一名從地方法院長被文在寅任命，因此，金命
洙在各級法院安排自己人出任法官，一心一意意為文在
寅和親信「脫罪」。此次政黨輪替後，金命洙不僅要自
行下台，可能還要面臨司法制裁的命運。

尤其，文在寅藉改革檢察體系之名義，透過國會民

主黨 172 席次優勢，強行通過縮減檢察官的職權，將調查權分散至警方；更可恥的是「屋上加屋」，另行成立「高級公務員犯罪搜查處」（公搜處），將檢方偵辦案子移交至公搜處接手，以便暗中操作。

近日，公搜處醜態百出。韓國人民認為，韓國怎麼又回到威權時代，生活在 21 世紀的公搜處人員怎會暗地調查媒體記者、政治人物等的個人通訊資料，侵害憲法保障的言論自由和人民的私生活，明顯違法。這筆帳，當然要等到尹錫悅上任後，司法部門換人後一一清算不可。

今天，尹錫悅業已明確表明將無能無力的公搜處廢除。處長金鎮旭臉上無光，應該自行辭去。但他卻表示，持續堅守崗位。臉皮厚的人真不少，賴著不走的人還包括：中央選舉管理委員會委員長盧貞姬、大檢察廳檢察總長金浯洙等人已自行辭職或面臨辭去。

奇怪，很多政治現實，韓國和台灣同病相憐。韓國有什麼樣的歷任總統，台灣也立即先後跟隨。例如，盧武鉉和陳水扁是典型。兩國的媒體也頗多類似，此次韓國 MBC 鬧出的醜聞，純為配合政府的選舉操作，此事對

台灣媒體來說，絕對不是「陌生的故事」。

　　金建希於 5 月 10 日在就職典禮上正式與尹錫悅同時亮相。金建希深知韓國人民對歷任總統夫人的表現有不同的評價，因此，今後 5 年，金建希要作陸英修女士般，廣受韓國人民尊敬的總統夫人，默不作聲地從事慈善工作及濟弱扶傾，或是美國總統拜登夫人 Jill Tracy Biden 般，擁有教育學博士學位，目前擔任 Northern Virginia Community College 英文系教授般一直從事教育，尚不得而知，但可確定不會成為像金正淑般奢侈的總統夫人，1 周 1 套新洋裝，像似職業模特兒，落人口實。

　　大家都在睜大眼觀望與期盼，尹錫悅要成為一名成功的總統，也絕對不能輕忽金建希日後所扮演的幕後 First Lady 角色。

STORY TWO

從政的辛酸歷程

打破檢察官不能從政的慣例

　　這是世界奇聞。韓國憲法與法律都沒有明文規定「檢察官不能從政」，但在韓國好像一直以來檢察官以現職身分都不能從政或加入任何政黨，尤其要出來競選總統，更是難上加難，簡直不可想像。這似乎不合乎自由民主國家所賦予人民的權利。這次由尹錫悅徹底打破以往慣例，非常難得。

　　更不可思議的是，競選期間，不論執政黨競選陣營或反對黨陣營方面對尹錫悅提出的最大問號是「檢察官懂什麼政治」。的確，尹錫悅勇敢辭去檢察總長一職投入政治圈時，外界不少懷疑他的政治能力與實力。沒想到，尹錫悅在國民之力黨黨內總統候選人初選期間就發揮了國家「領導人」該具備的資質。立即獲得黨內的刮目相看及支持。算是「第一次政治科目考試」順利通過。

　　文在寅防疫政策徹頭徹尾失敗也給足尹錫悅當選的正面力量。韓國 1 日確診人數曾超過 60 萬人次，「突飛

猛進」成為世界第一名，簡直讓韓國人民對文在寅政府失去信心，轉向憤憤不平，砲轟是束手無策和無政府狀態。只知在國內外自吹 K- 防疫政策如何成功的文在寅，可謂幾近「體無完膚」的落魄。

民主黨大選落敗後，代表宋永吉立即負起責任辭退，改成臨時組織「非常對策委員會」繼續推動黨務，一方面口喊要堅決保護文在寅的安全下台，另一方面要重新出發，以便因應 6 月 1 日舉行的全國地方選舉。似乎從大選落敗還沒有真正醒過來。

總統文在寅與時間纏鬥。原定 3 月 16 日舉行與未來總統尹錫悅「見面禮」午餐，因文在寅提出的諸多條件「太不合理」，被尹錫悅拒絕。不得不突然於 4 個小時前取消。此事，文在寅受到輿論撻伐後，終於 28 日舉行無條件的晚餐會晤。

文在寅私心太重。對自誇的 K- 防疫保持啞口無言，反而臨去前還在安排「自己人」的將來吃飯和安全問題。包括：一、特赦因性騷擾女秘書，目前正在坐牢的「愛將」慶尚南道知事金慶洙；二、要保障青瓦台職員三分之一的職位；三、書面承諾不調查前任總統；四、特赦曹國

前法務部長及赦免其家屬等。

　　不僅尹錫悅無法答應原先的午餐，並且普通百姓也認為文在寅厚顏無恥。問題完全在於文在寅本人，執政 5 年期間，欲所不為，無論國家政策與內閣人事，完全忽視專家學者建議，只靠燭光革命與政治顏色，把憲法與法律踐踏成一文不值。

　　尤其，距 5 月 9 日離開青瓦台時間越來越緊迫，文在寅還在忙著「安插」青瓦台幕僚的後路。韓國各部會屬下的國、公立企業有 469 家，從董事長到理、監事人數也有 1,000 人之多，有房有司機，年薪高達數億多韓元。文在寅不怕媒體的批評，為幕僚照樣安排新工作。

　　例如，韓國銀行總裁李柱烈任期至 3 月底，文在寅原先以總統職務至 5 月 9 日〇時為止作為理由，堅持由他任命新人事。在輿論的壓力下，文在寅為了早一點與尹錫悅見面，韓銀總裁人選就交由尹錫悅新總統挑選的人馬，稍微作出讓步。但是，文在寅安排弟弟的大學同學出任大宇造船海洋公司董事長，人事問題上又與尹錫悅的總統業務交接委員會發生衝突。

　　至今，文在寅還搞不清楚，人民為何選出尹錫悅的

主要原因。希望司法一切依照法律、公正、公平處理各種弊案,不是暗地裡採取政治報復,前後任總統間的深仇大恨不斷惡性循環。大家都知道,尹錫悅出身檢察官,當然非常清楚人民期待不想再看到「卸任總統的家是牢獄」一再重演。

問題是,文在寅 5 年弊案數不清。市民團體告發的案件包括逼迫公務員強制執行非核家園政策,動員青瓦台幕僚包庇非法選舉,夫人金正淑的過度奢侈,浪費公帑等,尹錫悅只強調依法偵辦,需要司法處理結果出爐,給人民一個清楚交代,才能對得起良心。

不僅國內問題剪不斷,理還亂。韓國周遭國家美國、中國、日本等國也十分關注此次政黨輪替。文在寅執政時期與美國和日本 2 國經常發生外交磨擦,因此,這 2 國對尹錫悅的期望甚高。因為,文在寅與尹錫悅政治理念與顏色完全不同。相對地,文在寅不支持的薩德、QUAD 等議題上,未來中國與韓國在關係調整中,難免有所吵雜聲音。

坦白說,進步政府與保守政府輪流執政,對韓國國內政治發展而言,形成一種「貨比貨」的競賽,反而給

人民帶來新希望。文在寅下台，希望能留下美麗的身影，而不是醜陋的尾巴。不幸，文在寅偏偏選擇「危險的路」在走。

　　光說總統辦公室遷移至國防大樓一事，文在寅曾承諾韓國人民 2 次都沒有兌現，現在，尹錫悅要實現離開青瓦台，不知文在寅是吃醋，還是其他原因，就是百般阻撓。496 億元搬遷費用，尹錫悅請求從政府預備預算中提撥運用。文在寅說願意檢討後協助，卻只付 300 億元，故意刁難，韓國人民普遍認為「小氣鬼」。

　　文在寅說話不算數，也不誠實，已成了他的「招牌」，令人髮指也不在乎。無論韓國企業家或政治人物最怕檢察官和監察委員。法務部長朴範界面臨與文在寅同時下台命運，因此，他想盡辦法縮減檢察官的偵查權力，並且在人事上，安排自己人出任檢察體系要職。等於事先安排文在寅能安全下台，不受任何法律制裁。

　　文在寅插手監察委員人事不手軟。目前，監察委員包括委員長 1 人共計 7 人，惟出缺兩人，只要文在寅安排 1 名自己人，成為多數，就不怕卸任後接受調查。文在寅臨去之前的「臨時抱佛腳」式安排，一方面令人感

覺可憐，另一方面又覺得可惡。

　　過去，文在寅打壓檢察官尹錫悅時，無所不用其極。現在，往日自己任命的部屬尹錫悅當選總統，或許心中不爽，但5年以來所堆積如山的一切罪過應該也概括全收。不要以政治報復來推卸責任，應以所犯各種弊案坦然接受法律之制裁。

　　幸好是尹錫悅當選總統，可以檢察官的法律準繩來處理。尹錫悅再三強調，他的腦海大辭典裡沒有「政治報復」4個字，不管職位高低，若有違法或涉及貪污等，只有依法偵辦。法律面前人人平等，文在寅將會面臨司法官司吃不完兜著走。

黨代表李俊錫的叛亂

　　韓國第一反對黨「國民之力」舉行全黨大會，破例選出新任代表李俊錫。正在英國出席 G7 首腦會談的總統文在寅親自打電話祝賀李俊錫，並讚譽年輕人出任黨代表是韓國政治史上的一項創舉。

　　的確，翻閱韓國 70 年憲政史，無論是執政黨或反對黨從未出現過現年僅 36 歲的年輕人出任黨代表的紀錄。當然，這不僅是李俊錫個人青年才俊型魅力，並且實應功歸於韓國 20、30 歲年輕選民渴望政治變化心切，大力支持所獲得的綜合創作品。

　　人稱李俊錫是前總統朴槿惠提拔的「Kids」，至今未婚，父母住大邱市，美國哈佛大學經濟系碩士畢業，從政僅 10 年資歷，其間競選國會議員 3 戰 3 敗，但一直是敢說直言的各家電視台政治評論節目的「名嘴」，因此，知名度不輸任何朝野國會議員，並且獲得年輕觀眾的青睞。競選黨代表期間曾一度誤傳為大邱華僑出身，成為

飯後茶餘之談。

此次，黨代表競選空前熱鬧的主要原因是，繼去年 4 月 7 日首爾、釜山市長國民之力黨大勝後，新任黨代表是否能順水推舟，打贏今年 3 月的總統大選，可以說任重道遠，萬一失掉政黨輪替的最佳機會，不符眾望恐怕即成為歷史罪人。

因此，擺在眼前刻不容緩的課題是：首先要整合黨內大老、11 月確定黨的總統候選人、最終要達成政黨輪替目標等任務。其實，這些課題也是在黨代表選舉前後，傳統保守的各界對李俊錫抱持憂慮的最大問題。因此，李俊錫當選後第一聲就是誓言要完成政黨輪替。

一般認為，促成李俊錫當選黨代表的禍首是文在寅。執政「民主黨」分析市長選舉慘敗的原因是，原先支持文在寅的年輕選民對文在寅執政 4 年政績感到失望、偽善及無能，尤其，文在寅和民主黨的貪腐案層出不窮，又碰到，該黨所屬現任國會議員 12 人及其家屬投機房地產，鬧出脫黨事件。因此，此次黨代表選舉中也同樣出現年輕人支持喊公正的李俊錫現象。

因為，反對黨「國民之力」選出年輕代表李俊錫，

可以樂觀已擁有「千軍萬馬」，但是面對重要的總統選舉，要推出能勝選的總統候選人不是簡單輕易的事。從各家民調數據顯示，甫於 3 月自行辭去檢察總長的尹錫悅支持率一直領先執政黨的所有候選人，因此，李俊錫首務要設法說服尹錫悅加入國民之力黨。

執政黨百般刁難為能事。首先，執政黨黨代表宋永吉放話，該黨正在搜集有關尹錫悅的「非法」資料要爆料後，不出數日，隨即韓國國會民主黨由一黨強制新設的「高級公務員犯罪搜查處」立案，針對尹錫悅擔任檢察總長時的濫權等，大刺刺地要封殺尹錫悅出來競選總統。

從韓國政治變化軌跡，也可以看到與台灣有諸多類似。例如，2,000 年台韓首度達成政黨輪替後，陳水扁和盧武鉉分別上台；韓國首次出現女總統朴槿惠後不久，台灣也立即跟進，由蔡英文登場。值得關注的是，文在寅與蔡英文的政治作風給國家帶來的困擾。已故辜振甫先生最喜歡的一句話：「歲寒然後知松柏之後凋也」。

不可否認，李俊錫的確對洗刷「老人黨」的印象及吸收年輕黨員加入等方面有其一定的貢獻。惟不可思議

的是，在此次大選過程中李俊錫雖有賣力，但出現男女年輕選票分為二，男的投尹錫悅，女的則投李在明的怪異現象。因此，黨內同志對李俊錫的努力分數也打成折扣。

擔任黨代表 1 年餘，初期李俊錫的年輕英雄本色表露無遺。第一次「脫逃」事件，不僅給國民之力黨帶來困擾，造成黨內不團結印象，並且對尹錫悅來說，在無黨代表的支持下舉行選舉是一種嚴峻挑戰。兄長般的尹錫悅必需找回不知去向的李俊錫，有何不滿可以透過面對面對話解決，刻不容緩。尹錫悅排除萬難，主動自首爾跑去找暫住南部蔚山市的李俊錫，兩人打開心窗飲酒對談後，終於握手言歡。

不巧，有一就有二。李俊錫第二次逃離事件，令人十分不解。由於李俊錫的政治師傅金鍾仁想掌握選舉對策委員會的大權，甚至要求尹錫悅對外講話一切要遵照金鍾仁草擬的稿件內容讀稿，讓尹錫悅覺得未受尊重，因此解散該委員會並趕走金鍾仁。此事頗讓李俊錫不爽，加上黨代表與總統候選人間的角色發生磨擦。

尹錫悅與李俊錫的共同點是全無「國會議員經歷」。

李俊錫雖有曾在首爾的蘆原區競選國會議員的經驗，但屢戰屢敗。至今，仍未放棄擔任國會議員的夢想。因此，這次倘若尹錫悅敗選，李俊錫要負起最大責任，自行辭退黨代表。他的政治前途也可能就沒落，所以選擇兩人和諧的途徑。在傳統上，黨代表的權力應在總統候選人之後。

無可諱言，在韓國政治圈，李俊錫具有一定分量的名氣，屬於「名嘴」政治評論家。他不分親政府或反政府的電視台，幾乎 1 天 24 小時都上電視。國民之力黨方面認為，他在外面賺「外快」。俗話說：「言多必失」，李俊錫經常口出驚語，得罪朝野兩黨。

還好，年長的尹錫悅不僅採取包容，並且一直支持李俊錫。讓李俊錫在選戰上發揮他的一些新穎策略與作法。據悉，在大選期間，尹錫悅站在捷運車站前，向來往的上班族群 Say hello 親切打招呼，就是出自李俊錫的建議。

現在，馬上要面對 6 月 1 日的全國地方選舉。趁尹錫悅之總統選戰勝利，國民之力黨希望能再次贏選，端視尹錫悅與李俊錫的繼續合作。黨代表有權力推薦自己

人馬參與地方選舉的縣市長和市議員等，但是總統當選人也有自己心目中的人選，因此兩人要攜手同心合作，否則又成了民主黨的天下，恐怕對尹錫悅執政不利。

在政治現實上，民主黨在國會佔 172 席多數，形成「朝小野大」局面。尹錫悅執政初期即將面對民主黨的無理取鬧或杯葛，新任國務總理與內閣人事案必需經過國會的「人事聽證會」，因此，不論尹錫悅提出任何最佳人選，民主黨也會找各種麻煩來搗蛋。這是可預料的事。尹錫悅必須面對與克服。

可稱為「第二大選舉」的這次全國地方選舉，即在眉睫，需要尹錫悅與李俊錫通力合作之關鍵時刻，卻發生約 10 年前，李俊錫受賄及接受廠商性招待醜聞，讓他再次面臨重大司法挑戰。迄今，尹錫悅保持「總統的高度」，對此案採取沉默不語，深怕影響到地方選舉成敗，由李俊錫自行解決就好。

解開黨內大老的排斥

　　真沒想到，尹錫悅要全副武裝要跟真正的敵人打仗前，先要面對黨內的各種挑戰。繼黨代表李俊錫的叛亂之後，尹錫悅要整合來自黨內大老的不團結吵雜聲音。

　　先要處理金鍾仁選舉管理對策委員長的問題。金鍾仁年逾 80 歲，走遍朝野各黨，也當過 5 屆比例代表制國會議員。自誇或他人稱是一位「King maker」，對選舉業務非常熟練。因此，尹錫悅特別邀請他出任委員長，能協助尹錫悅一臂之力，打贏總統選舉。不料，金鍾仁露出老狐狸尾巴，一個人想完全掌權，沒把尹錫悅放在眼裡，讓尹錫悅不得不立即解除雙方合作。

　　再來是洪準杓和劉承旼等黨內大老級黨內初選失敗者的四面八方不時批評尹錫悅。讓選民看了這種情況又同情又生氣，支持尹錫悅的選民氣急敗壞之下，更是一一脫黨遠去。尹錫悅面臨這種困擾下，當務之急任務是必須整頓黨內選舉團隊。

　　提及洪準杓，此人也是檢察官出身，就司法研修院期數來說，是尹錫悅的學長。目前是國民之力黨所屬現任國會議員。曾擔任慶尚南道知事，出任過黨代表並有競逐總統寶座經驗。也許這個原因及黨內總統候選人選舉「少輸」尹錫悅，排名第二順序，心存不滿與不服。在黨內初選落敗當日，發表感言表示今後全力支持尹錫悅後，兩人演出一場熱烈的擁抱；但沒想到，洪準杓組織與青年面對面談話的團體，對話中開始展開批罵尹錫悅的一舉一動。

　　洪準杓想當下屆總統的夢仍然為他的政治目標。不滿足現任國會議員一職，他寧願放棄國會議員，6月1日地方選舉要出來選大邱廣域市的市長。目前，國民之力黨內要報名參選的多達5人，因為票房一向屬於該黨，因此，你拼我鬥現象層出不窮。

　　意外出現一匹黑馬。一直跟隨前總統朴槿惠身邊的柳星夏律師，此次在朴槿惠的全力支持下，大邱市民的支持度直線上升，讓洪準杓極度不滿，認為柳星夏與大邱無緣故，僅靠朴槿惠是不恥行為。洪準杓是否能如願尚待觀察。但政治現實來說，尹錫悅當選總統，洪準杓

已是過街老鼠，擺平此人就成了簡易的事了。

　　另一名大老是劉承旼。在黨內總統候選人落敗後，在大選期間，人不知去向，態度消極，在最後幾場遊說活動中才勉強出現。外界的看法是，尹錫悅心裡「不會喜歡」大選中無誠意的協助，姿態又擺出高傲的劉承旼。因此，目前雖獲得黨代表李俊錫的支持，但尹錫悅不會重用。

　　此人的野心也很大，不輸洪準杓。政治世家出身，已故父親劉守鎬曾任法官、律師及國會議員等，在韓國政壇頗有一席之地。劉承旼在優渥的家庭環境下，曾留學美國威斯康辛大學，擁有經濟學博士學位，在經濟領域上確實有他的地位。

　　這次卻跑到無地緣或學緣關係的京畿道競選知事，各界議論紛紛。京畿道靠近首都首爾，人口有 1,300 萬人，佔韓國總人口之 5 分 1，因此，可知京畿道之重要性。前任知事李在明在京畿道的得票數遠遠超過尹錫悅，但在首爾輸給尹錫悅，這是此次大選落敗因素之一。

　　首先，洪準杓與劉承旼都要面臨黨內激烈的地方選舉初選。尤其，洪準杓要與朴槿惠支持的柳榮夏律師碰

撞，恐怕好戲連續。柳榮夏一直扮演朴槿惠坐牢時的監護人身分，並且由他對外發言。據悉，朴槿惠目前居住的達城郡雙溪里獨門獨院房子，由柳榮夏出面貸款購買。

劉承旼的黨內對手，強棒不少。曾擔任大選選舉委員會發言人的金恩慧是出身京畿道的現任國會議員，出身電視台新聞主播，口齒伶俐。一般都公認係尹錫悅人馬，深受尹錫悅的器重。因此將成為劉承旼的黨內強力對手。

一般認為，洪準杓與劉承旼此次不約而同地出來選市長、知事，完全為個人 5 年後的總統選舉事先鋪路。因此，需要 5 月上任總統寶座的尹錫悅之支持。俗語說：「種瓜得瓜，種豆得豆」。在總統選舉期間，無論洪準杓或劉承旼對尹錫悅所造的因，今天就會得到什麼果。兩人應該心知肚明。

隨著尹錫悅的當選，黨內大老的排斥問題已成歷史故事。目前，韓國人民都在注視，繼金大中、李明博、文在寅之後，第 4 次達成政黨輪替的尹錫悅，會不會在韓國憲政史上創造與前任貪腐總統全然不同的紀錄，並

且是打破威權政治，成為一位平易近人的總統。

5月10日在國會廣場舉行的就職典禮也簡化。只邀請約500人觀禮。值得一提的是，在就職之前，韓國陸續發燒的各種「奇特」的畫面，令人感到比觀賞連續劇還有刺激。

3月28日，尹錫悅應文在寅總統邀請至青瓦台晚餐時，就直截了當告訴文在寅，他所以堅持不進入象徵權威與人治的宮殿的主要原因是，總統與人民的距離遙遠，無法聽取人民的心聲。

尹錫悅所作承諾一言九鼎。總統辦公室遷入國防大樓後，1樓全開放給媒體記者使用。讓記者不僅可以看到總統上下班，了解總統的1日行程，並且若有任何問題，也可以隨即提問，不必經過層層關卡。

值得一提的是，韓國媒體對政黨輪替的敏感度。主流媒體之一的《朝鮮日報》等連續報導文在寅夫人金正淑5年以來，陪同文在寅出訪達48次之多，在歷任總統夫人中「考第一名」，認為金正淑是假借名義，實際上從事個人的「旅遊」。

金正淑的醜事已陸續搬上檯面。韓國人民譏諷金正

淑是「韓國的伊美黛」，可與菲律賓總統夫人伊美黛的3千雙皮鞋比高下，女裝187套、胸針等裝飾品200餘件，已由納稅者協會和市民團體提出告訴，首爾行政法院業已判決，要求文在寅公開特資費在案，文在寅提出上訴，說與國安有密切關係，因此不能公開。

尤其，韓國公務員的政治嗅覺真不得了。從金浯洙檢察總長至各地檢察長與檢察官原在文在寅「屋簷下」，對文在寅和執政民主黨的弊案全都鎖在鐵櫃裡，不敢碰撞，但現在開始大規模主動偵辦。不僅無法保證文在寅一家人安全返回老家梁山新屋居住，並且曾經打壓尹錫悅的法務部長曹國、秋美愛及朴範界等人也正面臨調查與制裁。

尹錫悅上任後，法官和檢察體系人事也將有大變動。過去，在文在寅政府扮演「忠犬」角色的法官和檢察官恐怕都面臨掛冠求去的命運，另外，被法務部長降級4次的司法研修院副院長韓東勳前檢察長受到尹錫悅的「報恩」重用，成為新任法務部長。

文在寅的最後掙扎確實難堪。趁下台之前，為確保自己卸任後的安全，想匆匆任命1名「自己人」監察委員，

不僅由尹錫悅拒絕，並且被文在寅自己任命的監察院長崔載海反對，認為新任監察委員任期4年應由新任總統任命才符合中立立場。

不僅如此，文在寅任期內，親政府媒體忘掉言論自由與中立本分，一直扮演政府「化妝師」角色的 KBS、MBC 等電視台，也將面對「大換血」了。尤其，大選期間，節目主持人偏向報導，甚至批評尹錫悅，已被點名要去職。

或許在文在寅眼裡，認為金浯洙等人屬於「背叛」，但就政黨輪替現實而言，日後這些人還要與尹錫悅共事，因此，態度與立場不得不轉向擁護新政府的新政策。韓國人民都盼望在新總統尹錫悅的領導下，能為國家和人民帶來新希望。

海納百川的包容

選前，韓國知名算命家認為，尹錫悅的相貌，非常忠厚老實，有如吉人吉相，不僅人緣好，待人接物，肚量也寬敞，如同海納百川，不拘小節。因此，早已看好尹錫悅的勝選。

算命歸算命。黨內大老的排斥與黨代表的叛亂確實造成國民之力黨一時的四分五裂，不僅嚇壞支持者，並且屢遭競選敵營民主黨的各種嘲諷。因此，尹錫悅發揮統合力首先完成安定黨內的工作。讓選民知道尹錫悅的包容心，結合黨內的團結。

這次舉行的韓國第 20 屆總統選舉，實際上就是一場政黨輪替與政權延長之戰。當然，執政民主黨以些微差距輸了充滿不服氣，尤其對即將卸任的總統文在寅來說，政權延長才能達到保障安全下台的唯一「武器」。然而，事與願違。

其主要原因是，執政黨和文在寅對民心與地區變化

的失望。尤其是 20、30 歲原先支持文在寅的「死忠派」年輕人的選票轉身投入尹錫悅的票箱。追根究底就是對文在寅的房地產與稅收等政策不滿。

發生最異常現象是，首爾與光州地區一向為民主黨的票倉也起了轉變。首爾計有 25 個行政區，除了 1 個地區由反對黨掌握外，其他 24 個地區廳長均屬執政黨籍，因此，人力和組織力遠勝過國民之力黨。但是，大選票箱一打開結果，尹錫悅的票數打敗李在明。

尹錫悅在光州的得票數幾乎只有李在明的「5 分之 1」勢力，實在微不足道，但是，尹錫悅此次打破過去傳統的國民之力黨弱勢紀錄，從個位數提升至兩位數，讓光州不再是一黨專屬地區。這是尹錫悅自始努力耕耘的成果。

不僅這方面之收穫之外，司法與媒體的配合不能忽視。對於調查執政黨總統候選人李在明涉及大庄洞土地開發弊案，選前，檢方與警方原先「伏地不動」，選後，立即採取積極偵辦。令韓國人覺得政黨輪替真是一副治療百病的「特效藥」。

屬於傳統保守派的 3 大主流媒體《朝鮮日報》、《東

亞日報》及《中央日報》等，選舉期間幾乎每日報導大庄洞土地開發弊案的新事證，尤其，加上李在明的太太金慧京與長子的醜聞滿目瘡痍，幾乎打中李在明的要害。

錦上添花的是，5月10日尹錫悅宣誓就職之前，文在寅政府中央部會已開始有動搖跡象。特別是屬於文在寅任命的大法院長金命洙、法務部長朴範界及檢察總長金浯洙等人雖然任期未滿，但是，已有逼退的聲浪此起彼落。

TBS交通廣播電台《新聞工廠》節目主持人金於俊，偏向文在寅政府的政治立場鮮明，節目言詞也尖銳，這次大選中公開表明支持李在明，由選舉廣播審議委員會以觸犯選舉廣播規定懲處「警告」。金於俊是否會丟掉飯碗，值得進一步觀察。

KBS和MBC公營或半公營的電視台，由於親文在寅政府，被左派工會組織掌舵。董事長與總經理職務均由文在寅選派，政黨輪替後，這些人恐怕會有一波離職潮。尹錫悅強調，會保護言論自由與獨立，絕對不會干涉或介入。

　　韓國自 1987 年民主化後，迄今共有 4 次政黨輪替，從金泳三至文在寅都屬於政治人物，各自都有政治包袱在身，惟有此次不同的是，尹錫悅則是「政治素人」，可以擺脫滿目瘡痍的政治洪水猛獸，即可兌現政見承諾。韓國人民馬上就可目睹，尹錫悅堅決不入青瓦台，還給人民，說到做到。

　　尹錫悅 30、40 年知己不少。朋友與朋友間的關係如同魚和水的關係般密切。自古以來耳熟能詳又常見的成語也多，例如：水魚之交、莫逆之交、芝蘭之交、管鮑之交、刎頸之交、竹馬故友等。韓國人民也非常重視友情，講究信義、義理、忠節、志操等。

　　這些細胞可從尹錫悅身上得到證明。尹錫悅自行辭去有任期 2 年保障的檢察總長一職，主動掛冠求去，一舉當選第 20 屆總統，不僅對抗不公不義的自己上司文在寅，也創下韓國政治史上難得一見的檢察官出任總統紀錄。

　　韓國朋友說，尹錫悅是從頭到腳，與 26 年專職檢察官生涯脫不了關係。他前後偵辦過 3 任總統李明博、朴槿惠及文在寅的濫權受賄，三星集團等政治、經濟重

大弊案，因此，他誓言執政不會犯下與歷任總統的「通病」。施政一切以民意為依歸，口頭禪般強調的就是公正、常識。

因此，此次大選，尹錫悅能獲取年輕人的大力支持，令人不意外。一是，尹錫悅主動辭去鐵飯碗，代表他性品剛直，不願意配合文在寅的要求演出，專為權貴服務。二是，他一向主張，檢察官要有不看總統眼色辦案勇氣，要擔任「人民的檢察官」才會受到人民的支持與愛護。

文在寅執政 5 年期間，尹錫悅受到各種打壓與委屈一言難盡。首先，動員 3 名先後任法務部長要綁住尹錫悅的手腳，不讓他繼續偵辦有關文在寅和青瓦台幕僚的濫權弊案。其次，以執政黨在國會 172 席次優勢，強行通過「屋上加屋」的「高位公務員犯罪搜查處」（公搜處）及「檢警分權」規定檢方只能偵辦 6 大犯罪，包括：腐敗、經濟、選舉、防衛產業、公務員犯罪、大型意外事件等。

這還不夠，3 名民主黨國會議員怕尹錫悅 5 月上任後將對文在寅採取政治報復，事先提出 3 個法案要「徹頭徹尾」除去檢察官調查辦案，另成立檢方只負責起訴的

「公訴廳」，將原來的「檢察廳」名稱與職權廢止。這種自私自利的作法，將在 6 月 1 日舉行的地方選舉受到人民的嚴厲審判。

台韓檢察總長任期不同，各有長短與優劣。檢察總長江惠民在 4 年前上任時，向台灣人民所承諾的 7 大工作目標，其中的「政績」到底有什麼？恐怕知道的國人很少。可否請江惠民在離去前一五一十地講出來，給人民一個公平評價的機會。

尹錫悅將從一名檢察總長換上總統龍袍，這是什麼原因？除了對自己的檢察官工作依法依據，原則與常識偵辦案件的結果之外，並且勇敢抗拒文在寅的不合理要求與壓力。在韓國公務員依法不准加入政黨，要採取中立，因此，尹錫悅擔任檢察官時就學得包容與中立，總統選舉前，他就獲得不同黨派人士的肯定與支持，紛紛表示願意協助。

不幸，在台灣只看到「侍女檢察官」們，胡作非為，完全見不到廢棄「權力至上」改成「人民至上」的「尹錫悅檢察官」。國人正在期待。

德不孤，必有鄰

　　這句千古不衰的名言「德不孤，必有鄰」。在韓國傳統家庭處處可見，尤其在教育家庭成長的尹錫悅來說，受益良多。不必吹噓，這可從尹錫悅的交遊廣闊及贏得此次大選的經過可以獲得證明。

　　在疫情嚴峻的情況下，四季分明的韓國，春天的消息從南部濟州島傳至北端的首爾，隨著節氣的變化，冰天雪地裡的各種花苞都已綻放，欣賞櫻花的人們，總是以笑臉迎接大地換新年，也迎來政治新氣象。

　　今年很特別，除了迎春，3 月 9 日韓國選民順利選出新任總統，依據政治日程，6 月 1 日還要選出各地方縣市長及議員，可以說任寅虎年是中央與地方選舉季節，這 2 大選舉將改變國家和人民的命運。

　　原本 5 年一次的總統選舉都在 12 月份舉行，但自朴槿惠前總統因「閨密崔順實壟斷國政案」被國會彈劾提早 1 年下台後，自文在寅開始改為 3 月 9 日舉行。依據

韓國中央選舉管理委員會的資料顯示，這次參選總統的人朝野各大小政黨共有 14 名登記。

另依據中央選舉管理委員會的慣例，各政黨在國會席次多寡，印製選票用的號碼依序為 1 號執政「民主黨」李在明、2 號第一反對黨「國民之力」尹錫悅、3 號「正義黨」沈相奵及 4 號「國民的黨」安哲秀等。

選前，由 3 家韓國 KBS、MBC 及 SBS 電視台委託民意調查公司「韓國 Reserch」等共同對全韓 1,012 名選民所作支持率顯示，李在明 31%；尹錫悅 40%；沈相奵 3.7% 及安哲秀 8.1%。尹錫悅明顯遙遙領先其他群雄。

除了候選人的支持率外，最重要並且不能忽視的一項指標是，韓國選民熱切盼望政黨輪替。民調顯示，支持政黨輪替的選民高達 54.6%，遠超過持續接棒文在寅政權的 37.5%。在在說明，韓國選民期望的 5 年後「換人換黨」的迎春花已擺在眼前。

綜合這種選情發展趨勢來看，造就的因果主要原因來自 3 大部分：第一是文在寅執政 5 年拿不出像樣的政績。口口聲聲在國內外自誇的不動產、K- 防疫政策均告失敗。每日確診人數也節節上升，國務總理金富謙等相

關首長出面一直向人民鞠躬道歉。

　　文在寅雙重人格害人害己。遇有好事就自己搶先，得意洋洋親自上陣發表，但是碰到棘手的事，就躲在青瓦台內保持沉默不語。因此，任內最後一次的新年記者會無故取消，一點都不意外，因為深怕記者提出尷尬的懸案問題，讓他措手不及，反而成為「罪上加罪」的負擔。

　　除了文在寅的問題一大堆，民主黨候選人李在明夫婦、長子等一家人醜聞不斷。李在明的大庄洞土地開發案司法程序雖在大選中暫停或緩慢進行中，就羈押中的同夥向法官「告白」內容來觀，上線就是李在明。政黨輪替後，檢察官和法官急忙要處理李在明的諸多案件，以免自己受到新政府的懲罰。

　　李在明的太太金慧京的案子更不可思議。金慧京簡直像「慈禧太后」無所不為，利用先生的公款信用卡購買家用的牛肉、壽司、三明治，指示公務員去私房整理冰箱及衣物並把市府公用車停放在家庫隨喊隨叫私用等。金慧京在電視機前面雖已道歉，但京畿道退休公務員 77 人已提出告訴，等待司法處理。

　　兩韓關係破裂，北韓飛彈隨時威脅，讓文在寅變成

灰頭土臉。文在寅任期內投入心血最多的2次「文金會」，邁入今年以來，北韓自1月開始連續發射10次飛彈，從短程飛彈到洲際飛彈，造成人心惶惶。文在寅每次出訪時必備的推銷品「朝鮮半島和平進程」，頓時也成了國際大笑話。

美國、日本方面也非常關注韓國政局轉變。因為，這5年來，跟文在寅發生外交齟齬最多的國家就是美日。美日都認定，文在寅親北、親中，今天淪落到「砲彈洗禮」如此下場，應該說，文在寅自甘自受，後悔也來不及了，只能等待尹錫悅新政府上台再談合作。

尹錫悅迅速打出第一張漂亮的外交牌。由國民之力黨國會議員朴振率領的外交、安全、經濟專家組成的「韓美政策協議團」一行於4月2日至7日訪問美國。朴振美國哈佛大學行政學碩士，英國劍橋大學政治學博士，曾是職業外交官也是大學教授。擔任金泳三總統的口譯官，至今令人津津樂道的「口譯作品」是「大道無門」，「A Freeway has no tollgate.」，真叫人拍案叫絕。

該團訪問白宮、國務院、議會、華盛頓智囊機構有關人員，就提升韓美兩國傳統盟邦關係重新定位及北韓

完全廢核化之後的兩韓關係調整，以求朝鮮半島的和平與安全，告訴美方尹錫悅的概括性戰略同盟構想，作為日後的韓美政策架構。並且洽談 5 月 24 日美國總統拜登訪問日本出席 QUAD 首腦會議前後，順道訪問首爾舉行首度的「拜尹會」事宜。據悉，將另行擇日組團，訪問中國等國。

「韓日政策協議團」由國會副議長鄭鎮碩率團於 4 月 24 日至 28 日訪問東京，會晤日本政、財界人士，加強韓日關係。

不巧的是，與此同一時間，總統業務移交委員會從外交部所作簡報中發現，2017 年 10 月 31 日外交部發表的「關於韓中關係改善協議結果」，大有問題。委員會指出，文在寅曾答應中方「三不」，即不追加配置薩德、不參與美國的飛彈防衛體系及不參加美韓日 3 國軍事同盟。當時就包含中方要求的「限制運用薩德」，侵害韓國國防主權，因此要追查前現任外交部長康京和、鄭義溶隱瞞事實的責任。

這些文在寅所留下如垃圾般的國內外疑難雜症，都要由尹錫悅處理，的確是一個艱鉅的任務。因此，尹錫

悅再三強調，新政府要具備實力和能力才能一一克服國內外的各種嚴峻與挑戰。從尹錫悅發表的新任總理韓悳洙人事案來觀，大致可以了解新內閣的輪廓，不脫離尹錫悅所強調的經濟與安保範圍，這也是正確打中文在寅政府失敗的要害。

　　尹錫悅在選前選後，他用人唯才，不拘泥於黨派與色彩。尹錫悅接納了不少過去是文在寅黨派人士，由他們證明尹錫悅不僅主持中立，並且不追究舊帳。希望大家一起為國家與人民做事，不是關著門整天爭權奪利。

　　中國明朝呂坤曾說：「為政之上焉者，寬厚深沉，遠識兼照，造福於無形，消禍於未然」。只要尹錫悅維護國家、社會公益，奉承人民的意向作事，就可從文在寅失敗的教訓汲取經驗，不會重蹈覆轍。

STORY THREE

勝選的因素

尹錫悅的10大公約亮麗

　　「獨唱」不如「合唱」。尹錫悅的 10 大公約（政見）主軸，可以說在此次大選中打入韓國選民的心弦。一方面從文在寅政府的失敗找出病源治療，另一方面提出自己的未來執政藍圖。當然，這些構思有尹錫悅自己的構想，也有來自各領域學者專家智囊團的集體創見。

　　為了進一步了解尹錫悅的 10 大政見具體內容，並且有助讀者觀察尹錫悅新政府的今後 5 年施政方向。特予簡介如下：

公約 1：為克服新冠肺炎的緊急救助與後新冠肺炎計畫

　　· 正當且完整的救助

　　· 因防疫措施期間的損失而關閉的小商給予損失補償及解除損失補償缺口地帶

　　· 為了身體、精神上的健康恢復與維持，無償支援心理資訊數據治療劑

．爲了能周期性因應全球疫情之公共性加強，在健保給與體系上實現政策售價新設必須醫療國家責任制

．爲了實施緊急救助計畫所需之法律制定與更改

．總統直屬「新冠肺炎緊急救助本部」與就職日同時設置，緊急救助計畫立即實施

．感染病終止後，2年間持續監控受災支援與克服

公約2：創造可持續的良好工作

．轉換創造工作的範例

．依據企業成長，創造由民間主導的工作

．創造社會服務工作，透過連接穩定工作，建構成長 - 福祉 - 工作之善循環結構，製作創造工作之生態系列

．透過專責限制改革機構，以限制革新來落實企業投資

．建構雇用親和性環境，創造良質工作之基礎

．對創業和革新創投給予開創性支援

．支援中小、中堅企業進軍新產業，成長爲全球之強小企業

．誘因全球性領先企業，創造由民間主導的工作

．擴大保健、福祉、雇用、照護等社會服務福祉，落實創造良質的社會服務工作

．透過革新雇用服務，提升媒介工作

公約 3：配合需要供給 250 萬戶以上住宅

．新政府啟程之後，樹立住宅供給指引路，改善制度與修正法令

．因應需要，充分提供住宅

．包括首爾 50 萬戶，在首都圈建設 130 萬戶至 150 萬戶，在全國提供 250 萬戶住宅

公約 4：具現聰慧公正服務的「Digital Platform（數位平台）政府」與改革大統領室

．具現對所有人民提供智慧又公正服務的政府

．將中央與地方政府以及政府所屬機關的網路予以整合為一，提供人民能上一個網站即可得到全部資訊及處理民願之一個網路全面服務

．活用大數據與 AI 技術，預先發現及因應未來可能發生的社會問題

．解除既存的青瓦台，清算帝王式的總統制，提高國政運作的效率

．總統辦公室移轉至政府首爾廳舍

．既存青瓦台的土地透過搜集人民與專家的輿論，擬定活用方案

公約5：從科技追趕國家變成原始技術先導國家

．加強政府的科技領導力，依據數據經營國政，保障科學的政治中立性

．新設總統直屬民官合體的科技委員會，樹立國家科技戰略指引案

．引進長期研究事業制度，不再依政權隨意變更或廢止予以制度化

．確立不再受到支援破壞或干涉的自律性研究環境

．將研究管理制度革新為未來領導型

．擴大青年科學家的挑戰與機會之領域等

公約6：自生產準備到產後調理、養育加強國家的責任

．懷孕、生產、養育權利視為人民的基本權同等，

加強由國家保障來解決低出產問題之國家責任

‧擴大對懷孕、生產前之成人女性之健康檢查

‧支援對所有難孕夫婦之治療費

‧難孕休假期間由 3 日擴大至 7 日（有給制）

‧擴大支援與懷孕、生產有關的所有疾病治療費

‧包括產後憂鬱症治療等產後調理由國家支援

‧出產後 1 年期間，每月支付 100 萬元之父母給與

擴大育兒休職期間

‧階段性保留統合等

公約 7：青年夢想明天、國民共識的公正社會，廢止女性 　　　家族部

‧廢止女性家族部，由追求公正競爭之青年另外新設可重估家族價值之部會

‧保障公正機會與透明程序，不靠父母機會，提供公正的出發點，復原斷層的階層移動階梯

‧實施入學考試秘密監控制與一次性淘汰制來擔保入學考試的公正性

‧透明管理任用考試

‧切斷工會雇用世襲及權宜性由親戚繼承雇用

‧透過解除社會全面性之荒謬，追求由人民共識之公正社會

‧加強處罰性犯罪與誣告罪

‧追求飲酒犯罪無寬容原則

‧觸法少年年齡從滿 14 歲下降調整為滿 12 歲，執行符合現實與公正的法律

‧嚴處強性工會之不法行為

‧促進以防止市民團體之流用公款與會計不正為目的之「尹美香防止法」

‧加強外國人加入健保者之被扶養者之登記條件及防止盜用名義

‧加強連帶保證禁止制度等切斷債留子孫，為支援青年世代的資產形成，成立「青年跳躍帳戶」

公約 8：堂堂的外交、牢牢的安保

‧透過北韓完全可驗證的非核化，具現韓半島可持續的和平與安全及達成非核化後，雙方可簽署和平協定

‧促進有原則與一貫性的非核化協商

・為了促成北韓無核化，無論在國際共助、兩邊或多方協商中，由南韓扮演中心角色

・在板門店或華盛頓設立韓美朝聯絡辦公室，3 者間的對話管道常態化

・恢復韓美間的軍事同盟信賴與強化指向未來的團結力，強力應對北韓飛彈威脅及追加配置薩德來加強對北韓的遏阻力

・實質運作韓美外交與國防二加二遏阻北韓戰略協議

・正常實施韓美間的聯合軍演（PX）和野外機動訓練（FTX）

・加強韓美 AI 科學技術同盟

・復原韓國型 3 軸體制：Kill Chain 防衛飛彈體制、大量應懲報復（KMPR）等

公約 9：可實現的碳素中立與建設核電強國

・積極促進有效減低溫室二氧化碳與氣候危機適應對策

・透過建構核能與清淨能源技術，貢獻於達成碳素

中立目標

　・發展大韓民國核能建設技術，生產親環境能源與確保未來生存及向全世界輸出能源基幹技術

　・依據科技與數據為基礎，促進樹立實現可能的2030 國家溫室二氧化碳減低目標及 2050 碳素中立達成方案

　・在碳素中立社會之大轉換同時與未來對策併行促進及人民之損害最少化創造未來工作

　・以支援（R&D、能源福祉）-限制（排出權交易制）-全球合作（美國、供給網）轉換為氣候危機機會

　・包括 EU 綠色標記之親環境能源，安全運作核電，持續貢獻於減少二氧化碳之排出

公約 10：公正的教育與培養未來人才，人人共享的文化福祉

　・以自律、開放、革新為核心，大轉換為數據教育體制

　・提供公正的教育機會，建構自律基礎的學習生態系，提高教育競爭力，牽引國家發展

　・為 AI 教育革命，提供尖端機器及新設有關之專門

課程

　‧提高隨時入學考試之公正性，反映未來教育之需求與社會變化，籌備新大學入學制度

　‧擴大大學之自律性，引進新評價方式及擴大財政支援

　‧以新產業職業教育體系與教育課程改編來支援特性化高中及專科大學培養高度熟練之專門人才

　‧世代別、個人別定製型教育與認定提前學習（RPL：Recognition of Prior Learning）來最小化經歷與學習斷絕，解除平生學習差距，擴大機會等

　‧補強文化基本權，提供普遍性文化福祉服務，加強文化價值，實現以地方為中心的文化國家，恢復可持續公正的文化藝術生態系

　‧擴充文化設備、內容之地區，建構治理

　‧支援公正無死角地帶的製定型藝術家

　‧革新藝術支援的自律性與支援結構

　‧建構以需求者為中心的文化藝術平台及提供節目程序

　‧提高文化藝術界的公正性等

　　從以上 10 大政見可以看出一個共同點，就是公正、公平與正義。總統提出任何華麗甜美的遠景，如果施行時缺乏公正等因素，就等於是欺騙人民及「放屁」。尹錫悅堅持不進駐青瓦台，就是兌現向人民所作承諾之具體表現。對人民的公正及誠實，就是國家與社會發展的基本原動力。

文在寅的政績慘不忍睹

　　這次總統大選，韓國選民有 2 大訴求就是：一、政黨輪替，二、審判文在寅的 5 年政績。因此，選舉分析家一致認為，此次大選造就尹錫悅當選總統的人就是文在寅本人，應該不是誇大其辭。因為，文在寅的 5 年政績會說話。

　　提起文在寅的 5 年政績，不要由選民出面打分數，民主黨總統參選人李在明已在競選期間向選民吐實在案。不僅對各項施政提出嚴厲批評，並且兩人關係一刀切割，彷彿是「深仇大恨」，甭想從文在寅得到任何支援。因此，李在明要求選民支持及延續民主黨政權，根本就如同在沙漠上建築高樓。

　　文在寅人權律師出身，只有在盧武鉉政府時期任職青瓦台幕僚及民主黨代表經驗。因此，一般韓國人認為，學經歷有限，坐在青瓦台開會或接見外賓時，都要看秘書人員為他草擬的 A4 紙讀稿。更可憐的是，在國際會議

場合團體拍照時，各國元首交頭接耳談話，因文在寅不會說英語無法溝通，韓國人民常常看到文在寅一個人被「孤立」。

不少韓國學者專家批評文在寅是歷任總統中最差勁的一位總統，他怎能厚顏說是金大中和盧武鉉之繼承人。5 年前上任時，感動又華麗的就職詞中強調：施政以「機會平等、過程公正、結果正義」方式處理。如今，批評為「3 不」：即不平等、不公正、不正義。

先從文在寅一家人的非理（腐敗）事件說起。目前，文在寅司法訴訟纏身計有：一、指示青瓦台幕僚人出面協助 30 年知己宋哲鎬律師非法當選蔚山市長。二、強迫有關單位執行脫原電（廢核電）政策，浪費巨額公帑。都屬於重大犯案，其他零碎案件也不少。

夫人金正淑的豪華奢侈問題，也正等待司法處理。第一審判決早已出爐，要求文在寅公開金正淑的洋裝費等，文在寅卻以國安理由予以拒絕，已進入第二審階段。韓國人嘲諷說，衣服怎能與國安扯上關係。讓文在寅一個頭兩個大。

尤其，《東亞日報》等傳統保守媒體不約而同地報

導，文在寅夫婦選在國內 Omicron 疫情 1 日確診人數高達數萬計的嚴峻時刻，兩人手牽手搖搖擺擺去中東 3 國訪問返國，不僅隨員多人染疫，不敢對外公開，夫人金正淑在埃及訪問期間獨自遊覽世界遺產金字塔。報導抨擊，金正淑好像開好自己的 Bucket List（離世前想做的事），要在文在寅任期內走遍世界各地名勝古蹟。

不僅文在寅涉訟事件一大堆，夫人金正淑的服飾費用被媒體一一揭穿。與金正淑有多年關係的服裝設計師女兒，係法國籍韓國人，金正淑的一句話就能特權雇用為青瓦台職員，隨著金正淑身邊自由出訪世界各國，機密事項有無外流，涉嫌嚴重國安問題，有待進一步調查。

文在寅夫婦有一子一女，也經常是新聞人物。兒子自稱是國際藝術家，利用父親的權勢，獲得不少國內藝術獎金。女婿任職低價航空 Eastar Jet 駐泰國公司，因公司董事長兼民主黨國會議員李相稷一審判刑坐牢。女兒、女婿不得不返回首爾與文在寅一起住在青瓦台。是否官商勾結，有待司法處理。

隨著新任總統尹錫悅 5 月 10 日的就任日，離去的文在寅臉上焦慮越來越明顯。有趣的是，在青瓦台幕僚會

議中，文在寅坦承說他不想在青瓦台多待一天，巴不得趕快回老家住。日前，蔡英文好像也說過類似的話，每天在總統府數饅頭如出一轍。

4月20日，文在寅在青瓦台特設午宴，與5年同事的總理、部會首長及各委員會委員長等50人，一方面又自誇政績受到國外人士肯定，並且回老家後，想養狗、貓及雞等。

問題是，文在寅能如願以償嗎？韓國人民都搖頭懷疑。大家都知道，尹錫悅是檢察官出身，其間偵辦過歷任總統和大企業家的弊案，對文在寅一家人與曾是執政黨總統參選人的李在明一家人的種種違法事件，瞭若指掌。因此，尹錫悅再三強調，一切依正常制度與法律程序來辦理。

文在寅聽了不舒服，認為尹錫悅要採取政治報復。採取不到最後一刻不肯低頭的態勢。利用民主黨在國會172席次優勢，推動3個法案，將檢察官變成「無用武之地」地位。所有犯罪搜查交由警察處理，檢察官只負責起訴與否。明目張膽地將具有72年的刑事訴訟法丟進垃圾桶。

這樣一來，得罪了全韓 2,000 餘名檢察官。近日來，包括檢察總長金浯洙等在內的檢方高階層人員不斷開會，一致認為，執政黨要變成反對黨之前，先強行通過法案綁住檢察官，來保護文在寅和李在明等人，其卑鄙作法，韓國人民不會認同。

一次一次的「檢亂」餘波盪漾。大邱等地各地方檢察署也陸續發表聲明，堅決反對執政黨國會議員濫權抹殺檢察官的職責。連法務部職員也提出抗議，讓一直要拿掉檢察總長指揮權的部長朴範界顏面難堪。目前，曾是扮演文在寅「鷹犬」的法務部長秋美愛和曹國等人面臨司法制裁的命運。

大選後，正面臨政府移交之際，讓韓國選民深深感受到「政黨輪替」的真諦。依照慣例，禮貌上由現任總統文在寅邀請未來總統尹錫悅至青瓦台餐敘，並就國政等交換意見。原定 4 月 16 日正午舉行的午餐，突然於 4 個小時前取消，原因是雙方工作階層人員對多項議題尚未談妥。對此，外界議論紛紛。是因為文在寅要求太多，尹錫悅予以拒絕。

文在寅要求的事項包括：一、特赦因性騷擾女秘書，

目前正在坐牢的「愛將」慶尚南道知事金慶洙；二、要保障青瓦台職員三分之一的職位；三、書面承諾不調查前任總統；四、特赦曹國前法務部長及赦免其家屬。韓國人民認為簡直過分貪得無厭。

尹錫悅無法答應的理由有憑有據。在競選期間已明白指出：「國家有健全的法律與制度，當選後將依照此規則辦理，他本人絕對不會干涉和介入司法」。尹錫悅早已清楚劃出黑白 2 種顏色，堅守法律與原則不變。

令人不可思議的是，文在寅知道尹錫悅會要求他特赦前總統李明博，因此以此為條件，文在寅「趁火打劫」也要求尹錫悅特赦親信金慶洙。但是，尹錫悅認為解鈴還須繫鈴人，當初把李明博捉入牢獄的人是文在寅。

大選結束後，短暫時間內，韓國政治變化有目共睹。政黨輪替後舉行的 6 月 1 日地方選舉，對尹錫悅新政府是一項嚴峻挑戰。因為，在國會「朝小野大」的現實政治結構下，尹錫悅必需趁大選勝利順手推舟，再次獲得韓國選民的支持與肯定。

尹錫悅利用上任之前的緊密時間，已展開全韓走透透行程，答謝選民之旅。當然，也是針對地方選舉而來。

因為，民主黨在國會蠻橫無所不為，「國民之力黨」即將成為執政黨，必需掌握各地方縣市長和議員，不為民主黨牽制，才符合此次達成政黨輪替的真意。

　　韓國人民都正在享受政黨輪替的果實，希望不再看到無能又腐敗的「第二個文在寅」。韓國政治版圖正在重整，台灣何時能出現時時刻刻以人民為優先的尹錫悅呢？這嚴肅的問題頗值得國人參考與省思。

競選對手李在明的偽善

　　如果說，執政「民主黨」候選人李在明慘敗的原因，應該先說輸在他自己與家人的各種弊端，再責怪文在寅或其他人才算合理。截斷地說，這場選戰是李在明自己打敗自己。

　　李在明曾任律師，能言善辯，辦了不少與地下幫派有關的毒品等案件等，與幫派人士有密切來往。後來，先後當選城南市長及京畿道知事。一般選民都認為他不屬於「善良之士」範疇。

　　競選期間，李在明對家世背景說法反覆無常。先說，父母在公共化妝室擔任清潔工，後來又說，父親因賭博案捲款逃跑等。尤其，以市長的權力強制將親兄長送至神經病醫院。為此事與兄嫂電話吵架，錄音帶裡，李在明不斷以三字經辱罵兄嫂，完全失去理性。

　　背負「4顆星」（在韓國意指有4項犯罪前科紀錄）包括酒駕、偽裝檢察官身分等。尤其，「免費吃」女藝

人金芙仙案件仍在發燒。其中，最大條的案件是擔任城南市長時的大庄洞土地開發事件等，原停擺的調查，大選結束後，目前正由檢方和警方競爭式的積極偵辦中。

　　一家人中，最先上新聞的是有關長子李東鎬涉及職業賭博與性醜聞案。經《朝鮮日報》獨家報導，李東鎬承認自己是「賭徒」、「賭博中毒者」。李東鎬甚至在網站上炫耀自己贏取 500 多萬韓元及酒醉後去過有性服務的三溫暖等。

　　其次，李在明的夫人金慧京的醜聞滿天飛。金慧京在先生擔任城南市長和京畿道知事期間，非法使喚 7 級公務員利用公款購買家用的菲力、生魚片及三明治等。連親政府的 KBS、MBC 及 SBS 電視台幾乎爭相 1 日 1 爆，不得不讓李在明一再低頭道歉。李在明不僅本身的大庄洞開發舞弊案纏身，還要應付太太與兒子的醜聞，拖累了他的民調支持率始終停滯在「冰凍」狀態上不來。

　　李在明屋漏偏逢連夜雨。長子李東勳不僅涉嫌賭博與買春事件，又在自己的網站上貼文輕蔑女性，遭到各界嚴厲批評，現在又經 SBS 等報導，李東勳類似「逃兵」，不去軍隊附近醫院治療腳疾，卻自行跑去父親李在明道

知事轄區內的醫院治療，享受特權。

李在明一家人的醜聞，不僅擊退李在明與未來總統的距離越來越遠，也讓文在寅失望。執政民主黨自己選出的文在寅政權繼承人居然背負「一籃子」裝滿爛蘋果包袱，大選競爭激烈的情況下，民主黨也無法臨時撤換李在明，只好硬著頭皮向前走。

不止醜聞，李在明的謊言如家常便飯。大選期間，在前總統朴正熙的故鄉大邱與慶尚道，向選民說朴正熙建設南北高速公路、自國外貸款設立重化學工業區等，是一位偉大的總統。到了金大中的故鄉光州和全羅道，就說大邱與慶尚道人作老闆，光州和全羅道人只能作佣人，製造地區感情糾葛。這不僅愚弄選民，並且欺騙選票。

李在明的謊言都變成低級笑話。曾說朴槿惠前總統了不起，轉眼間又問選民「相信我是說那種話的人嗎？」讓朴槿惠聽了，簡直是沒良心的人。有關政見方面也是如此，今天提出來，明天就更改，莫衷一是。

奇怪的現象是，文在寅和李在明好像在比賽誰比誰更爛。文在寅到了執政末期民調支持率還一直保持

40%，文在寅勝過李在明的 30%，自然讓文在寅有一種「優越感」。因此，文在寅也沒把李在明放在眼裡，讓李在明「自求多福」，甚至「自生自滅」。

最明顯的例子是，李在明敗選後，至今文在寅未作任何慰問動作。簡單的一通話或一次簡餐等。其實，可以理解的是，兩人都訴訟纏身，各自忙自己的事，沒有時間考慮或協助他人這才是真正原因。這也說明政治是冷酷的現實寫照。

敗選後，李在明夫婦不敢公開露面。一方面是文在寅自己的弊端都無法解決的情況下，根本無法照顧李在明，另一方面是在競選期間，李在明經常語不擇言，不僅選擇與文在寅保持距離，並且批評文在寅許多政策失敗，得罪了文在寅。

據悉，目前擔任民主黨常任顧問的李在明為了自己的生存和逃離囚房之災，正在幕後遙控部分該黨國會議員。李在明深知單靠自己微小的力量，日後絕對無法對抗尹錫悅。因此，操縱國會議員等人出來參與 6 月 1 日舉行的城南市長和京畿道知事，一方面可以繼續掩蓋自己的弊案浮上檯面，另一方面他可以參加國會議員補缺

選舉，有意出任國會議員，也可擋住檢警的偵查。

此刻，民主黨確實充滿危機感至為明顯。4 月 12 日民主黨國會議員開會決定，由全黨傾注全力堅決保護文在寅與李在明的安全，不致受到檢方的調查，提出的有關法案要在 4 月底前通過。問題是，文在寅執政初期就喊出來的「檢察改革」，廢止「特偵組」，在經過幾次的「檢亂」之後消聲匿跡，沒想到，到了政權末期，還在與檢方作最後死鬥。

檢方不是省油燈。檢察總長金浯洙親自召開記者會說明反對國會強力通過，並主動要求與文在寅會晤，行使否決權來阻塞本案通過。5 月 3 日是文在寅任內主持的最後一次國務會議，無論是給檢方舉手或將法案退回國會，對文在寅來說，都是傷痕累累的事。

各界意見沸騰。不僅是國民之力黨極力反對，連親政府的正義黨、「參與連帶」、為民主社會的律師組織、大韓律師協會等民間團體也紛紛出面砲轟民主黨作法無恥，簡直像為了捉一隻蟑螂，燒掉一棟房屋般的愚蠢。無庸質疑，民主黨的猛撞，將於 6 月 1 日舉行的全國地方選舉，由人民作出最後決定。

　　民主黨如同自殺般行為，如果無法「適可而止」，反而會給尹錫悅繼大選勝利之後，執政上可以填補 0.73% 些微差距勝選缺口的機會，持續壯大自己的實力，誠心誠意為民服務，肯定對推動施政有所百益。

執政民主黨的集體暴力

民主黨大老、曾任國務總理的李海瓚,大選中擔任李在明的後援會會長。居然誇下海口說,李在明當選在即,民主黨可安心準備繼續執政 20 年至 50 年的狂言。當時,很多韓國知識份子聽了不僅耳朵發癢,並且覺得李海瓚患上老人「痴呆症」。

選舉語言各式各樣,可以理解。但是,這次大選,明顯是尹錫悅與李在明的競爭,尹錫悅還要對付龐大的執政民主黨的集體暴力,自然辛苦加倍。當然這是因為國會席次的多寡問題,民主黨佔有 172 席,國民之力黨僅有 110 席,這也是造成民主黨走向一黨專政和橫行霸道的主要原因。

在文在寅政府完全執政下,誰都沒想到,打破這種局面的人居然是檢察總長尹錫悅由自己扛起歷史責任,寧願放棄有保障的任期 2 年,選擇提前掛冠求去,以救國救民的決心與毅力,一舉當選韓國第 20 屆總統,不僅

獲得個人和光耀祖先的榮譽，也創下韓國政治史上的多項紀錄。

　　文在寅 5 年執政期間，無論是行政、立法、司法，甚至號稱第四權力的媒體，享受無人可管的優渥待遇與生活，好像「無敵鐵金鋼」般向前衝，身為檢察官的尹錫悅對此種眼中無人民的政治現實感到十分厭惡，當國家喪失了民主主義的公正、常識，等於已走上絕路。

　　大選期間，民主黨的集體暴力令人髮指。尹錫悅 26年公職生涯，乾乾淨淨，沒有任何不良記錄。民主黨方面到處搜集資料，兩手空空，無法攻擊。再找正在訴訟中的尹錫悅岳母的瑕疵，採取間接打擊尹錫悅的方式也草草了事。最後再找尹錫悅的夫人金建希的學、經歷記載有缺失，也落得求助無門。掀開祖宗八代的心態，充分可見民主黨有多麼毒辣。

　　文在寅依靠民主黨，文在寅則依附民主黨，彼此建立寄生蟲關係。只要有利於文在寅政府的法案，全丟給民主黨在國會處理，文在寅就可以每晚兩腿平躺臥睡覺，遇有執政黨國會議員違法事件，文在寅就指示檢方和法院「從寬」處理，並要求親政府媒體不要報導。這種慣例，

歷任政府也有，都是私下或暗地處理，但絕不像文在寅大剌剌和明目張膽地枉法。

民主黨「我行我素」如坦克車般直衝例子數不盡。先是通過禁止脫北者在 38 度線附近空飄宣傳單等至北韓的法案，無視言論自由與人權，完全依照北韓領導人金正恩的指示辦理。其次，以執政黨在國會 172 席次優勢，強行通過「屋上加屋」的「高位公務員犯罪搜查處」（簡稱公搜處）及依據「檢警分權」規定，檢方只能偵辦 6 大犯罪包括：腐敗、經濟、選舉、防衛產業、公務員犯罪、大型意外事件等。

這還不夠，3 名屬於民主黨「強硬派」國會議員，其實他們 3 人也已有案在身，深怕尹錫悅於 5 月 10 日上任後將對文在寅與李在明採取政治報復，事先提出 3 個法案要「徹頭徹尾」除去檢察官偵辦 6 大犯罪案，另成立檢方只負責起訴的「公訴廳」，將原來的「檢察廳」名稱與職權完全廢止。

這種作法如同土匪，韓國人民不會認同，也不會接受。民主黨國會議員中，也有不少人是檢察官和法官出身，因此該黨內已出現吵雜聲浪，贊成推動法案者有

38.2%，不同意者則有 52.1%，一致認為不僅時機不妥，並且廢止檢察官權責後的備案也未擬定之下，若硬著頭皮衝出，即將面臨的全國地方選舉帶來「必敗」的結果，應該三思而行。

　　無形中，民主黨把熱鍋裡的螞蟻丟給文在寅接手處理。一方面表示他們勇往直前，係純為協助文在寅從檢方調查脫逃，免受牢獄之災；另一方面先發制人，壓制尹錫悅在檢方的勢力，事先牢牢捆綁檢察官，不得繼續偵查，比事後應對容易百倍。

　　卻讓尹錫悅有機會「趁虛而入」，將「革命軍」般辦案的一名愛將檢察長韓東勳提升至法務部長，預備好各項武器，對抗民主黨。民主黨非常驚訝，一方面退縮，另一方面又高喊尹錫悅要建立「檢察共和國」，民主黨與國民之力黨間的選舉戰爭未決，又來了個民主黨與檢方間的法案攻防，劇情越來越辛辣。

　　被提名為新任法務部長韓東勳初次與記者見面的記者會上說的話涵意頗深。現年 49 歲最年輕閣員指出：「檢察官辦案不分朝野，只要能捉住犯人繩之以法，就是稱職的好檢察官」。強烈暗示，他支持檢察官的獨立與中

立，不會介入司法辦案。

翻閱文在寅 5 年施政史，一上台就提出「積弊清算」（轉型正義）、「檢察改革」等口號，利用檢方和法院整肅異己政治人物而已，其實對檢察官的整頓，根本就是針對「不聽話」的尹錫悅、韓東勳等人，依法依據原則與常識偵辦案件的正派檢察官，就成了民主黨和文在寅的眼中釘，必須剷除不可。

韓國國會議員任期 4 年，還有 2 年才能改選。尹錫悅執政前 2 年必須與這些不講理的民主黨國會議員對決，是老天安排的冷酷宿命，只好面對，無法逃避，相信對此尹錫悅已有足夠的心理準備。如果民主黨事事件件阻礙，尹錫悅最可靠的力量是人民，2 年後舉行的國會議員選舉，可能像這次大選般翻轉，不無可能。

還好，目前的大環境對尹錫悅有利。韓國人民受夠了文在寅的 5 年欺騙，因此，對尹錫悅新政府的期望也很高。許多尹錫悅的朋友也堅信，只要他能依照原先承諾的話：「無論今後我在任何工作崗位，我會繼續為保護自由民主主義和人民奉獻全力」，遇到巨浪或大風，也可施展自然的理想與抱負。

　　確實，韓國政治大環境正在轉變中。100% 親文在寅的金命洙大法院長，近日發布的全國 800 多名法官人事不公，造成司法圈內的鬥爭與分派，首爾高等法院法官以集體辭職行動，表達對文在寅之抗議。

　　原屬親近文在寅的各種市民團體也紛紛「起義」提出聲明，5 年以來受到文在寅的欺騙，轉身支持尹錫悅。文在寅在宣誓就職時說的承諾，至今一項也沒有兌現。例如，他保證將青瓦台總統辦公室遷入光化門政府綜合大樓一事，如今成了美麗的謊話。

　　謊話絕對藏不住，文在寅上任時強調組織「統合政府」，不分黨派，為國舉才，但是，青瓦台和內閣清一色是自己人，包括思想左傾的學運份子和反政府人士。坐著躺著享受特權，好像對人民喊冤說：「你們的補償不夠啊」。

　　如果說，前法務部長廖正豪是台灣的「掃黑英雄」，那麼尹錫悅就是韓國的掃黑英雄，他辦過總統、大法官、國情院長及企業領袖等的弊案多起，韓國人稱為「職業殺手」。

　　韓國政黨輪替不僅次數比台灣多，並且經驗也比台

灣豐富。韓國選民每天在免費觀賞，文在寅下台與尹錫
悅上台的劇情，雙方比賽跆拳道武術，但勝負早已確定。

政權延續20年的傲慢

　　在自由民主國家，政黨輪替或政權延長相互輪流轉是民主發展的必經之路，也是滋潤選民各自的政治意識不斷成長之要素。從韓國第 20 屆總統選舉，可以明顯看出，不僅是尹錫悅和李在明之戰，也是一場政黨輪替與政權延長之戰。

　　當然，執政民主黨此次以 0.73% 選票差距輸了心不甘，尤其對現任總統文在寅來說，極度失望。因為，只有政權延長才能達到持續享受「好處多多」的甘甜。然而時過境遷，事與願違。

　　此次，自始執政黨和文在寅的臉上掛著「不會輸」的傲慢。因為至去年為止的 4 場選舉，文在寅與民主黨獲得 4 戰全勝，幾乎讓反對黨變成哈巴狗，永無東山再起的機會。其中最大原因之一是 20、30 歲支持文在寅的「死忠」年輕人的存在。好像說，民主黨是年輕人支持的黨，反對黨則是屬於垂危的老人黨。

　　確實如此。尹錫悅早已洞悉此問題之嚴重性，選戰策略採取主攻年輕選票。這可從他的 10 大政見中可以觀察。他提出的公約裡，處處與青年人有關，無論是教育或住宅問題，都為年輕人訂製，讓他們不再消耗寶貴青春時間，為買房困擾，獲得公平、公正的待遇，正常發展，與世界各國年輕人比賽。

　　文在寅政策的失敗，剛好提供尹錫悅與年輕人面對面對話的機會，也讓年輕人進一步認識「不懂政治」的政治人物。依據韓國憲法，嚴格規定公務人員不得參加政黨活動及嚴守中立，因此，在這種環境下，尹錫悅「不懂政治」是正常。一旦脫下公務員烏紗帽，就變成一般老百姓，就可加入政黨，參與選舉。

　　要政權延續，首先要通過選民託付給文在寅 5 年施政的成績單，不及格的課業有多少，如果棒子交給文在寅的繼任者適不適當等諸多關卡。文在寅的違法案件代表了文在寅的政績全是「老師」的紅字，可以確定文在寅是腐敗無能的政府。

　　再看民主黨派出的候選人李在明。好像與文在寅半斤八兩，高低差不多。由李在明設計，並且轟動一時的

大庄洞土地開發弊案，仍在發燒中，檢方與警方已採取積極偵辦行動。在這種爛攤子和身敗名裂的情況下，要離去的人和要來的人，都是選民「唾棄」的對象，有何顏面哀求選民給他們一次政權持續的機會呢？

值得一提的是，在媒體方面，文在寅的「忠犬」也不少。其中代表性的人物是 TBS 交通廣播電台《新聞工廠》節目主持人金於俊，一直偏向文在寅政府的政治立場鮮明，節目言詞也尖銳，這次大選中公開表明支持李在明，大選後，由選舉廣播審議委員會以觸犯選舉廣播規定懲處「警告」。金於俊是否會丟掉飯碗，值得進一步觀察。

另外，KBS 和 MBC 等公營或半公營的電視台，其間扮演親文在寅政府的傳聲筒角色，由左派工會組織掌舵。董事長與總經理職務均由文在寅選派，政黨輪替後，這些人恐怕會有一波離職潮。尹錫悅強調，會保護言論自由與獨立，他絕對不會干涉或介入。

尹錫悅非常重視媒體的言論自由與獨立，早已承諾將新遷入的國防大樓第一層全面開放給記者使用，並且加強雙方溝通。分別於 4 月 10 日、13 日及 14 日舉行的

內閣 18 名人事發表記者會，每場均由尹錫悅親自主持。尹錫悅認為，與記者面對面直接溝通，就是對人民的尊重。

韓國自 1987 年民主化之後，迄今共有 4 次政黨輪替，從金泳三至文在寅都屬於政治人物，各自形成派系，並且都有政治包袱在身，惟有此次不同的是，尹錫悅則是「政治素人」，可以擺脫滿目瘡痍的政治洪水猛獸的包圍，即可兌現自己的政見承諾。韓國人民馬上就可自由進入青瓦台遊覽，尹錫悅堅決不入青瓦台「王宮」，還給人民，說到做到。

這次大選，執政黨還有臉說出政權延長之類的大話，韓國選民認為實在無恥。這正與選民熱望的政黨輪替相左，可見民主黨的傲慢及忽視民意。因此，尹錫悅雖以 0.73% 勝選，但是選民期盼的政黨輪替居高不下，始終如一維持在 50% 以上。

如今，曾誇下海口的李海瓚，不僅要為此次大選失敗負起最大政治責任，也要承擔歷史的罪過。辭去民主黨代表一職不久的宋永吉對李海瓚的說法不僅不同意，也深表憂慮，大多數選民會反彈。

　　如同出爐的選舉結果般，事實證明李海瓚的大話確實帶給民主黨困擾不少。政權要延長，當然可以。但是先要文在寅提出 5 年的政績向人民報告，並能獲得選民的心服口服。光提房地產政策，首爾選民就可一拳擊倒文在寅。5 年任期中，國土建設部長官更換了 3 名，自金賢美、卞彰欽至現任的盧炯旭，修正政策共計達 28 次之多。

　　20 歲至 30 歲年輕人辛辛苦苦工作 10 年以上，也買不起房屋。因此，5 年前支持文在寅的選票都跑光了。競選期間，李在明不斷批評文在寅，還鞠躬道歉。在這諸多失政方面，等於文在寅白白送票給尹錫悅了。

　　不分國家，自古以來，政治領導人的慧眼決定國家的興亡盛衰。成功的總統與失敗的總統由觀察今天與明日的眼光來決定，這是領導人應該具備的德目之一。

　　上任前，尹錫悅專程拜訪特赦不久的朴槿惠前總統新居。一方面鄭重邀請朴槿惠出席就職典禮，另一方面澄清「誤解」，並保證提供朴槿惠往返大邱與首爾兩地的交通安全等。二人晤談近 1 小時甚歡。

　　談話中，尹錫悅特別提及朴槿惠的令尊朴正熙前總

統。尹錫悅坦誠指出，他正在學習朴正熙的統治哲理與用人術。以軍事革命掌權的朴正熙，起初不少人認為「軍人不懂政治」，但是事實證明，如果不是朴正熙留下來的高速公路、重化工業園區及新農村運動等各種豐功偉業，今天韓國能擠進世界 10 大貿易強國嗎？

前人種樹，後人乘涼。但是，記得要飲水思源。

兩韓與外交關係

安保與外交

　　大家都知道，兩韓自 1948 年分為大韓民國（南韓、南朝鮮）與朝鮮民主主義共和國（北韓、北朝鮮），以 38 度線在朝鮮半島分成南北兩半，分裂分治已達 74 年。因此，在大韓民國憲法第 1 章總綱第 4 條就明文規定：「大韓民國指向統一，基於自由民主與基本秩序，樹立及促進和平統一政策」。

　　所以不分朝野，政黨輪替，任何新當選的總統都要遵守憲法規定，制定和平統一政策。除了首任總統李承晚推行的「北進政策」例外。因此，每逢總統選舉，各黨參選人都會提出兩韓統一政策來爭取選票。

　　民主黨候選人李在明比卸任總統文在寅更靠近北韓。李在明認為，南韓支援北韓獲取實際的利益，要打開通往北韓之路才有經濟機會，並且進一步批評，若說經援北韓無代價是短見。因此，一般認為，李在明比文在寅更是「危險人物」。

　　文在寅執政 5 年期間對北韓投入頗深。為了達成「文金會」、「川金會」，在金錢與物資上，文在寅確實投資北韓領導人金正恩不少，具體數額恐要等文在寅下台後就能對南韓人民公開。然而，文在寅付出的多，收獲根本掛零。離散家族會晤 1 次也沒達成。比任何一位前任總統還差之千里。

　　先回顧一下兩韓來往歷史。在韓國，所謂的左派政府金大中、盧武鉉及文在寅 3 人都不約而同地訪問北韓，並且簽署各項協定。例如，2000 年，金大中與金正日達成的《6.15 共同宣言》，2007 年，盧武鉉與金正日達成的《10.4 共同宣言》後，文在寅反而青出於藍，一口氣達成《板門店宣言》、《平壤宣言》。

　　韓國人民如今看來，南北韓領導人間只有華麗的宣言與彼此的熱烈擁抱，並無具體的各項合作與交流，都是一時的政治性表演而已。李在明雖痛恨金正恩炸毀南北韓共同聯絡辦公大樓及南韓軍艦犧牲年輕海軍生命等，但是有意繼承文在寅的親中、親北路線。

　　在美日兩國眼裡，文在寅是繼金大中與盧武鉉 2 位前任總統般屬於親中、親北派。比金大中和盧武鉉更屬

激進派。明顯例子是，在文在寅手裡徹底破壞韓國與美日傳統友好關係。甚至，文在寅以欺騙方式告訴川普總統，金正恩承諾廢核，耳根軟的川普就在新加坡和河內 2 度與金正恩會談，結果搞成不歡而散。拜登學會聰明，至今堅持北韓先非核、再舉行會談原則。

日本跟隨美國屁股走。自前任首相安倍晉三與文在寅關係弄壞之後，繼任首相都與文在寅保持距離，韓日關係因慰安婦賠償與日商強徵韓工賠償問題懸而未決迄今。李在明即使當選總統，若得不到美日的善意回應，恐怕無法改善關係。

嚴重問題是，韓國賠了夫人又折兵，自討無趣。不僅與北韓關係無進展，並且與美日傳統友邦關係也無法恢復正常。甚至，美國人氣呼呼的主張撤回駐韓美軍，認為美國不必再如同 1950 年代韓戰般為無情無義的韓國出錢出力及犧牲生命。

在這種尷尬情況下，文在寅仍寄望中國大陸的幫忙。希望專程跑一趟北京並藉出席冬奧參觀之名義，北韓雖已公開宣佈不派選手參加，但仍期待習近平也能邀請金正恩出席，讓「文金會」重現世人眼前，至於是否簽署

《終戰宣言》可先擺在一邊。

不料，2月4日北京冬奧開幕式成了中韓外交磨擦的場合。出現穿著 56 個少數民族服裝的一位代表朝鮮族的女性穿著韓服登場。5 日，代表韓國政府出席的文化體育觀光部長黃熙（現任民主黨國會議員）接受媒體訪問時指出，韓國是已進入世界 10 大貿易國家，一般稱少數民族是沒有獨立國家的人民，因此中方有欠考慮。但韓國政府無意對中國採取外交抗議。網路上彼此你來我往吵嚷之後，後來就安靜下來。

目前看來，美日方面都對李在明興趣缺乏，反而對國民之力黨總統候選人尹錫悅表示高度重視。韓國大選一時成了安保與外交的激烈戰場。尹錫悅的立場非常清楚，在競選期間再三強調韓國若沒有「鞏固的安全與堅實的外交」，無法期望經濟繁榮與國家發展。已暗示，上任後將調整與周遭 4 大強國美中日俄間的關係。目前看來，韓國與美國的距離越來越近，可望韓日關係也會獲得改善。有趣的是，美國不僅要改善美韓關係，也至為關切韓日關係，還要觀察對韓日關係的親近度，不致讓美國在印太安全維護上少了一顆門牙。

　　韓國與日本關係屬於陳舊的歷史問題。尤其領土與慰安婦糾葛，此一時彼一時，如風鈴般一遇風吹草動，一方動輒就提出外交抗議，甚至動員民族感情，採取新的各種報復，互不相讓，因而公開比喻韓日為「近在咫尺而遙遠的國家」。

　　今年迎接中韓建交 30 周年。中韓原本策劃各式各樣的慶祝活動，但因疫情關係受到諸多限制。韓國總統文在寅透過外交管道多次邀請中國大陸國家主席習近平回訪首爾，中國總以疫情為由「口惠無實」。兩國雙邊貿易也受到影響。

　　綜析以上，尹錫悅有必要面對文在寅遺留的外交與安保漏洞。尹錫悅特派由具有豐富外交經驗的現任國會議員朴振率領的「韓美政策協議團」一行於 4 月 2 日至 7 日赴美，訪問國務院及華盛頓智庫等有關人士，一方面告知美方，尹錫悅有意加強韓美同盟關係，另一方面就美國總統拜登 5 月下旬訪問日本之機會，順道訪問首爾，進行首次的「尹拜會」。

　　說是遲，那是快。朴振自華盛頓返韓，尚未整理出行李內的各種報告，尹錫悅提名為新任外交部長。朴振

擁有美國和英國的碩士與博士學位，英語流利。據悉，
朴振與拜登也有私交關係。一般預料，美韓關係會更上
一層樓。

兩韓關係不進則退

　　文在寅雖出生在南韓，但父母祖籍北韓，因此，親戚都在北韓。所以，在韓國歷屆總統中，只有文在寅對北韓獨樹一幟。

　　的確如此，文在寅執政 5 年期間，分別達成第 2 次「文金會」和「川金會」，若與歷任總統比較，算是一項「創舉」。問題是，無法開花結果，結局如同前任總統金大中和盧武鉉般，所簽署的各項「海誓山盟」合作與交流付諸東流。

　　這 5 年以來，北韓領導人金正恩確實對文在寅不給面子。邁入 2022 年來，金正恩送給文在寅的「砲禮」多達 10 次之多。尤其於 3 月 24 日發射，可稱得上體型魁梧的「怪物」洲際飛彈「火星 -17」，不僅驚動韓國，也讓美國緊急召開聯合國安理會等。充分可見朝鮮半島的緊張氛圍。

　　當然，此次，北韓試射洲際飛彈，令人不意外。一

是，北韓在勞動黨中央委員會會議中，金正恩屢次強調加強研發各種新型飛彈，並主張與美國「硬碰硬」。二是，歷屆總統交接前後，北韓都會「先下手為強」，暗示，新總統要重視改善兩韓關係，而不要摟抱美國就會獲得安全。

競選政見中，尹錫悅打出國家安全牌。一方面要加強南韓反擊北韓武器，有必要就要「先發制人」，另一方面要增加薩德配備，將恢復美韓軍事演習定期舉行，加強美韓及美韓日三國軍事同盟關係。明顯要走與文在寅相反的路線。

不僅北韓，中國也對尹錫悅的類此政見不悅。《新華社》等媒體自我安慰地評論係選舉語言，一副不在乎。從尹錫悅與習近平 25 分鐘電話內容，可以窺探兩人各懷鬼胎。尹錫悅提出目前朝鮮半島的緊張趨勢，希望中韓密切合作促成北韓完全非核化。

然而，習近平充耳不聞般，舊調重彈「中韓是無法搬遷的鄰居」，希望有關各國堅持對話與協商的正確方向。雙方對於敏感的飛彈及薩德等問題，根本未觸及。不出所料，北韓的兩位大哥中國與俄羅斯在安理會否決

譴責北韓案，讓美國束手無策。

　　不可諱言，中國手中的「北韓牌」，具有一石二鳥效果。不僅可用在中韓關係上，拉攏韓國更貼近中國，並且也可左右美中關係上，作為兩岸議題的籌碼。現實上，美國和韓國都需要中國居中好好管束一下北韓的蠢蠢欲動。大家憂慮的是，5 月 10 日尹錫悅新政府上台前後這段期間，金正恩的飛彈和核試恐怕不會間斷。

　　韓國傳統以來，一直稱呼李承晚至朴槿惠政府為「右派政府」；金大中至文在寅政府稱為「右派政府」，至為分明。尤其文在寅最親近北韓。文在寅 5 年政績一敗塗地，其中，兩韓政策失敗分量亦大。在兩韓政策方面，文在寅大力向世界各國推銷的《朝鮮半島和平進程》《停戰協定》等，都因受到北韓的飛彈威脅，文在寅與金正恩形同絕緣。

　　從駐韓外交使節的敏銳嗅覺與動作上也可以看出新政府外交與兩韓關係的轉變。尹錫悅外交政策主張親美、親日，與中國維持水平關係。尤其，批評中國對韓國設置薩德基地說三道四，係干涉韓國內政。所以，中國駐韓大使邢海明和駐韓日本大使相星孝一不得不先後拜會

尹錫悅探索未來關係發展。

美國最關切韓國政黨輪替後的政局變化，也立即採取友善措施。拜登總統為了準備於 5 月訪問日本之便，也計畫順道訪問首爾，並且突然指名空缺 1 年多的新任美國駐韓大使由現任駐哥倫比亞大使菲利普‧戈德堡出任，向尹錫悅提前示好。

從首爾來看台北，2022 年至 2024 年間，無論韓國和台灣都要迎接一連串的選舉，總統選舉、地方縣市長選舉及國會議員選舉等。一方面要考慮台海安全與朝鮮半島的安全與和平，另一方面要改善與中國大陸與北韓之關係。

以貴賓出席北京奧運會的國會議長朴炳錫向韓國冬奧採訪團記者表示，他與中國全國人大常委會委員長栗戰書會談時，不僅提出韓服問題，也特別促請國家主席習近平早日訪韓，並且對於近來北韓連續發射飛彈威脅，希望中國能進一步管控北韓。

2017 年，文在寅訪問中國時曾說「中國是大山，韓國是小丘」，願意參加「中國夢」隊伍，採取「矮人一截」的低姿態，返韓後寧可被反對黨臭罵一頓。當時，

文在寅主要目的是希望中國說服金正恩走上國際舞台，順利促成「文金會」和「川金會」等。

　　然而，文在寅痛心疾首的是，金正恩卻破壞 2018 年 4 月所作約束核試與洲際飛彈發射宣言及同年 6 月 12 日在新加坡「川金會」的承諾，這一切的耕耘不僅未能開花結果就已成「昨日黃花」。

　　如今，文在寅不僅未能實現自己期待的「美夢成真」，並且中國閉眼放縱北韓在 1 個月內連續發射各種新型飛彈威脅韓國。讓一直採取低姿態「舔金正恩」的文在寅確實內心「火上加油」，無法保持忍氣吞聲，但問題是，提不出有效的因應對策。這堆仍未清完的垃圾，就丟給尹錫悅處理了。

　　對北韓的政策，新總統尹錫悅的立場與態度，幾乎與拜登同舟共濟。尹錫悅提出，在北韓完全可驗證的廢核條件下，韓國可提供北韓經援等，不會只為了見面握手而坐下來談判。看來，尹錫悅不會再走文在寅的回頭路。

　　至今，中國與北韓保持沉默，尚在進一步觀察尹錫悅的新政策出爐。預料，謀定而後動。文在寅與尹錫悅的兩韓政策差異，會越來越明顯。

親美與親中外交

　　這次總統選舉也可稱為親美、親日與親中、親北之戰不為過。這是韓國外交宿命，因為地理環境下，韓國包圍在這些國家。

　　去年 11 月 19 日，中國駐韓大使邢海明等人拜會第一反對黨「國民之力」總統參選人尹錫悅，兩人晤談 40 分鐘甚歡，打破原先媒體記者會有「火藥味」的預測。

　　因為，尹錫悅外交政策主張親美、親日，與中國則維持水平關係。尤其，直接批評中國對韓國有意擴充設置薩德基地一事，深為不滿。所以，記者預測尹錫悅與邢海明見面會演出擦槍走火之杞憂。

　　邢海明此時的拜訪，已表示中國已嗅出韓國即將來臨的政黨輪替政局變化。如果依照外交慣例來說，邢海明應該先去拜訪執政「民主黨」總統參選人李在明才對，然而，以目前各項民調數據顯示，尹錫悅的支持率遙遙領先李在明、安哲秀、沈相奵等人選情來說，邢海明不

得不事先向尹錫悅示好。

　　平實而論，對美國和日本來言，文在寅一直是頭痛人物。美國想在韓國擴大薩德基地和配置中型飛彈，都被文在寅拒絕。日韓關係因慰安婦與日企強徵韓工賠償等問題，從安倍晉三至現任岸田文雄不見改善跡象，因此，美日都希望尹錫悅出任總統，才能有顯著變化。

　　政治是現實的，韓國換上新總統及政黨輪替，從第三者外國人眼光觀察或許比韓國人民自己看自己更清楚。顯然，尹錫悅要走與文在寅反美、反日不同的外交路線，東北亞局勢恐怕也要面臨煥然一新。

　　兩韓關係一直是親美與親中外交的另一項指標。例如，北韓在新浦造船場附近向東海發射疑似潛射彈道飛彈，係今年以來的第 7 次武嚇時，韓國青瓦台方面由國家安保室長徐勳立即召開緊急國家安全會議後，表示深感遺憾並促求北韓早日進行對話。

　　與青瓦台的談話同時，美國與中國也發出聲明，希望北韓不要蠢蠢欲動，危及朝鮮半島的安全與和平，好像這是美國和中國的慣例，勸說北韓是對韓國的一種重視與外交禮貌。其實，中韓建交 30 年以來，美中在比賽

拉攏韓國的拔河遊戲。

　　一般來說，北韓挑釁都會選擇「黃道吉日」。例如，在華盛頓舉行美韓負責北韓核武的國務院北韓特別代表金星與外交部韓半島和平交涉本部長魯圭悳會談及美韓日3國情報主管在首爾舉行秘密會議傳遞某種訊息時，北韓就會發射飛彈警告。

　　也有人認為，係針對首爾國際航空宇宙防衛產業展示會開幕式而來。北韓陸續在陸地海上發射新式武器，告訴美國、日本等國家，北韓核武已有足夠實力對抗敵對勢力，進而告誡美國不要一直採取敵視態度。

　　自拜登政府上任以來，任命金星等美籍韓人進入白宮與國務院專門負責北韓業務，惟2次「川金會」召開後，至今美朝關係無任何進展。因此，拜登透過金星的穿梭，一面想打開與北韓的對話，另一方面要北韓先無核化。

　　在這方面，文在寅很有意見。應金正恩之要求，文在寅向美方爭取「撤銷對北韓經濟制裁」，經韓國三番兩次勸說美國，鬆綁制裁才能與北韓展開對話，然而，美國仍堅持北韓先廢核。因此，在金正恩眼裡，文在寅

是軟骨頭，無法強力說服美國，所以後續的「文金會」
也就免談。

　　當然，文在寅希望執政「民主黨」候選人李在明勝
選，不僅可保障文在寅安全卸任，並且將文在寅日夜所
想的「文金會」成果，能開花結果，為文在寅在歷史教
科書上留下燦爛一頁紀錄。

　　儘管金正恩不斷武嚇，但文在寅仍不死心。動員外
交部長、統一部長繼續丟出橄欖枝，盡量滿足金正恩的
需求，其主要目的是不放棄「文金會」開花結果之夢。
甚至，文在寅想利用北京冬奧最後機會，盼望中國能邀
請金正恩以貴賓身分出席開幕或閉幕式，結果，文在寅
的夢想化為烏煙。

　　尹錫悅的美韓外交與中韓外交關係可以分開來分
析。其實，如果先觀察尹錫悅選前提出的 10 大公約（政
見）中的第 8 條「堂堂的外交，牢牢的安保」內容，係
針對北韓和美國，未論及與其他國家的外交關係，根本
談不上與台灣的關係。

　　第 8 條第 1 項「透過北韓完全可驗證的非核化，具
現韓半島可持續的和平與安全及達成非核化後，雙方可

簽署和平協定」。其具體細節包括：一、促進有原則與一貫性的非核化協商；二、為了促成北韓無核化，無論在國際共助、兩邊或多方協商中，由南韓扮演中心角色；三、在板門店或華盛頓設立韓美朝聯絡辦公室，三者間的對話管道常態化。

第 2 項「恢復韓美間的軍事同盟信賴與強化指向未來的團結力，強力應對北韓飛彈威脅及追加配置薩德來加強對北韓的遏阻力」。其具體細節包括：一、實質運作韓美外交與國防二加二遏阻北韓戰略協議；二、正常實施韓美間的聯合軍演（PX）和野外機動訓練（FTX）；三、加強韓美 AI 科學技術同盟；四、復原韓國型三軸體制：Kill Chain 防衛飛彈體制、大量應懲報復（KMPR）等。

大選期間，正逢俄烏之戰燃燒。因此，尹錫悅一方面應時主張韓國國家的安全為首務，具備足夠的國力才能達成和平目的。另一方面批評文在寅施政 5 年以來，只求自己的政治願望，討好金正恩，一上台先促成 2 次「文金會」，甚至把川普也拉上台演出 2 次「川金會」。

尤其在北京冬奧期間，發生「韓服主權」和「裁判

不公」等問題，讓尹錫悅應邀在駐韓美企商會演講時，直接說出「韓國年輕人不喜歡中國，中國年輕人也討厭韓國」等語。當然，雖讓在場的美國企業家聽了高興，但確實傷害到中國人的感情。

在此，值得注目的是，大選期間擔任尹錫悅外交策士的現任高麗大學國際研究所教授金聖翰。金教授是尹錫悅的小學同學，情同手足，曾在李明博政府時出任外交通商部第二次長。有一次訪問尼加拉瓜，尼國外交部次長說，曾拜讀過他的博士論文，令人敬佩。

金聖翰在韓國被公認為是外交與安保專家，因此，尹錫悅的外交策略多半來自擁有美國德州大學政治學博士學位的金聖翰。美國總統拜登與尹錫悅通電話時，所使用的手機就是金教授私人的，充分可見金教授與美國的關係。

去年 11 月在駐韓外國記者俱樂部舉行的懇談會中，金聖翰即指出，尹錫悅要把淪落成主從關係的兩韓政策予以正常化。對話前要先非核化，才可獲得緩和經濟制裁。他認為，文在寅搞垮兩韓關係，金正恩高高在上，被罵成「煮熟的豬頭」不僅不敢回應，在平壤 15 萬市民

面前，也不敢直接說出自己是大韓民國總統。

尹錫悅的外交政策將美韓關係擺在最優先。去年 12 月由中央日報與 CSIS 共同主辦的「2021 論壇」中，金教授就說，尹錫悅的外交核心是，以與美國同盟為中心軸，與中國維持相互尊重為基礎，擴大及深化合作關係。

對中國來說，較敏感的議題是，韓國要追加設置薩德武器。中國與美國立場不同，中方認為威脅到大陸，但是，韓國與美方的說法是薩德針對北韓。因此，中國要做到有效遏制北韓的文攻武嚇，讓南韓放心，則不需要美國在韓國增強武器。

尹錫悅的外交政策如何改變，仍然脫離不了「經濟靠中國、安全靠美國」的基礎，只是調整一下文在寅的「親中、親北」一邊倒的方向。今年（2022）是中韓建交 30 周年，預料兩國高層互訪密切。

韓日關係初見曙光

　　韓日關係是韓國對外關係之一環。一般來說，韓日關係源自歷史，因此，只要有一方提出歷史「故事」，韓日關係就很容易演變成外交戰爭。這可以說是，韓日關係的特殊性，不幸一直倒帶反復重演。

　　無可諱言，韓國與周邊4大國家美、中、日、俄的外交關係，尤其，與日本的關係，不僅影響兩國的正常交流與合作，無論是保守或進步政府執政，一直是美國最關注的重要外交政策。

　　在文在寅政府的不斷破壞下，韓日關係跌入谷底。韓日學者專家異口同聲表示，在韓日關係外交史上，是罕見的最惡劣情況。這與文在寅身邊的幕僚有關。就以代表性的人物前青瓦台民情首席秘書、法務部長曹國來說，鼓動反日活動非常激烈的人。

　　發生獨島（日方稱竹島）領土主權紛爭時，曹國主動主張要以竹槍向日本抗爭到底。進而擴大演變成拒買

日貨，讓在韓日本企業紛紛關閉生意，逃離韓國。這種事司空見慣，韓日間的仇恨加深，兩國政府也措手不及，只能隔岸觀火。

問題是，文在寅的左傾意識型態。認為日本殖民統治韓國 36 年，韓國爭取獨立後，未獲得充分補償。因此，上台後立即取消朴槿惠與安倍晉三間簽署的 10 億日元慰安婦補助金，及韓日間的軍事情報合作協定。讓安倍晉三怒氣沖沖反駁，國際間的正式簽署文件不能未經雙方協商，就自行廢棄。

保守政府尹錫悅確定當選後，5 個小時內最先打電話祝賀的人是美國總統拜登。5 年間，文在寅以「金正恩保證非核」來騙取川普成功，但卻衝不過「外交老將」拜登這一關。拜登高興遇到可以合作的尹錫悅。

緊接著美國，尹錫悅和日本總理岸田文雄通了 15 分鐘電話。尹錫悅強調，韓日為鄰國，對東北亞之安全與經濟繁榮至為重要，今後要聚集力量的領域很多，希望兩國為增進友好關係共同合作。至於兩國間的歷史懸案，可以合理並且合乎雙方共同利益的方向解決。

綜合以上觀之，不僅美韓、韓日雙邊關係，甚至美

韓日 3 國同盟關係在尹錫悅新政府都會出現與文在寅不同的新面貌。這是美國和日本一直殷切之盼望。

　　無論如何，屬於保守派政府的尹錫悅上台，中美在朝鮮半島的拉攏戰不僅不會停息，反而會越加邍烈。目前看來，北韓的飛彈正在蠢蠢欲動，仍是東北亞和平與穩定的變數。

　　文在寅任期內的最後一次光復節紀念大會於去年 8 月 15 日如期舉行。文在寅除了回顧與評價 4 年以來他所推動的各項政績外，只對日本和北韓喊話，希望與日本關係恢復正常，及與北韓建立和平成為世界典範。

　　不幸，文在寅不僅未從日本首相菅義偉得到任何反應，甚至，北韓國務委員長金正恩方面也沒有獲得善意回應。當然，這是因為文在寅所剩任期進入「數饅頭」階段，日本認為韓國總統選舉就在眉睫，等待政黨輪替後，願意與新政府重建關係。

　　在文在寅任期內，韓日關係只有暫時「停滯」。文在寅曾試圖利用東奧期間專程赴日，一方面邀請金正恩來東京舉行第 3 次「文金會」，另一方面與菅義偉舉行高峰會，結果因北韓宣佈不參加東奧，讓文在寅的「美

169

夢」破碎。反而讓日方雀躍。

如美國和日本所預期般，尹錫悅上任，是改善韓日關係的重要契機，韓日必須趁熱。尹錫悅已清楚表達對日善意，對於慰安婦問題及日企強徵韓工法院判決糾纏不清等，願意處理及恢復兩國關係走上正常。

尤其，為了對應北韓的威脅，韓國重視韓美日3國的軍事同盟關係。尹錫悅的外交策士金聖翰教授於去年6月在「韓國外交、安保課題」論壇中，也指出韓日關係懸案無法一一個別解決，因此建議一次性概括解決方案，才能容易解決。

當然，日本會歡迎並接受尹錫悅的善意。尤其，在美國居間督促下，可以預見韓日關係早日獲得改善。5月拜登分別訪問東京與首爾後，日韓關係新架構面貌就可出現，相繼韓國駐美、駐日大使人事也會發佈。

此次內閣18人名單中，原先各界預測的金聖翰教授未能上榜。就金教授與美國的密切關係而言，很可能出任駐美大使。至於駐中和駐日大使人選，尹錫悅深思熟慮中。

韓國前總統金泳三早就喊出：「韓國要成為世界5

大強國」。想當年，韓國現代汽車所用的是日本汽車引擎，如今，韓國的三星半導體等已超越日本，的確，韓國要追趕日本的企圖心強烈。旅居韓國 39 年餘的日本企業家百瀨格在其韓文著作《韓國決一死戰也跟不上日本的 18 種理由》一書中明白指出：韓國仍在徘徊在「經濟動物日本」、「在世界上以最惡劣支配殖民地的日本」、「合理化殖民統治，一次也未真誠的謝罪與反省的日本」等。

因此，在體育競賽場合，韓日選手在足球、柔道及拳擊比賽時，電視機前面觀賞的韓國人民一定要「打贏日本不可」，否則酒瓶、酒杯就會亂飛。在卡拉 OK，日本人唱日本歌曲，也會被酒瓶攻擊。可見，韓國人對日本人仇恨還要長久時間才能逐步獲得解決。

或許，首場的外交劇情是，美國、日本會歡喜，中國、北韓會沮喪，無論如何，尹錫悅要改頭換面，儘速讓韓國以新面貌出現在國際舞台上，讓世界各國刮目相看。

文在寅把國際關係當成兒戲般玩弄，結果將外交關係變成「四面楚歌」。尹錫悅上任後，如果修補舊式房

子，該重建就重建，該修繕就修繕，工程浩大，必須小
心翼翼地處理。

「文金會」與「川金會」騙局

　　說來，文在寅真丟臉。當韓國合同參謀本部每次發佈，北韓向東海（日本稱日本海）發射未詳發射體，韓美軍方正在密切研析中的言論時，總覺得比日本慢吞吞。其主要原因是，軍方要配合文在寅演出，不能照軍方的劇本誠實發表。

　　文在寅自行編故事講話已成習慣。無論是在青瓦台發表的新年詞，除了對韓國人民講述他的各領域 5 年政績包括經濟、防疫等，立即遭到反對黨「國民之力」發言人的批評是「自話自讚」。

　　比起深耕外交關係，文在寅反而對兩韓問題著眼深入。他強調由韓國主導的南北韓對話、美朝會談才奠下了和平基礎，5 年來讓韓國人民自戰爭危機解脫，享受各自的安樂日常生活等。這種美麗的謊言與現實背道而馳。

　　文在寅雖對自己的政績樣樣得意，但從青瓦台國民溝通首席秘書朴洙賢對記者的談話可以窺知，文在寅仍

173

對疫情而死亡的人及其家屬深表歉意，並且未能讓人民日常生活恢復正常感到內疚。其次，就是透過 2 次「文金會」，所達成的各項合作與交流未能落實，感到婉惜，並且和平路途仍然遙遠。

惟文在寅在新年詞中未死心，要作最後衝刺。因此，文在寅仍保持專程赴北京出席冬奧意願及簽署《終戰宣言》。並且認為《終戰宣言》的草案已經由美國和中國首肯，只剩金正恩點頭就行。韓國統一部也正在幕後積極與北韓交涉，希望能完成文在寅的心願。

不管文在寅如何賣力演出，若得不到金正恩的正面回應等於白忙一場。年初，北韓勞動黨召開全黨代表大會，對於簽署終戰宣言未提一字，甚至對金正恩是否應習近平邀請出席冬運開幕典禮也不明。因此，韓國只能看老天，希望北韓方面傳來好消息。

一般分析，文在寅要實現他的兩韓和平制度化，讓新任政府上台後也能持續。目前看來，執政「民主黨」總統候選人李在明可能要繼承文在寅的兩韓政策外，國民之力黨總統候選人尹錫悅則堅決反對走文在寅的路線。

尹錫悅主張不能一方面送錢送物資，讓金正恩暗地

裡不斷開發及生產新核武，讓韓國人民卻過著頭頂上掛著各類核彈，生活在不安的環境，人人安危只得自求多福。

李在明與尹錫悅競選激烈，民調支持率幾乎「一日一變」。文在寅的心情忐忑不安，依法又不能介入選舉，因此，文在寅只寄望突破金正恩這一關，為「文金會」留下美麗句點。若依照金大中與金正日會談前例價碼，文在寅恐要加倍付出代價。

金正恩從父親金正日學會談價碼。不僅警告李在明和尹錫悅兩黨候選人不要忘了朝鮮半島北部的核強國，並且同時告訴美國與日本，北韓為保衛自己國家絕不放棄核武。其實在抬高身價，作為談判籌碼。

在兩韓分裂分治的現實政治環境下，每任總統都不例外在大選競選期間要向選民提出對北政策。當然，尹錫悅也不例外。尹錫悅早已目睹金正恩兒戲般的飛彈威脅，不僅韓國媒體在政府的壓力下，該重視的新聞不予報導，近在咫尺生活的韓國人民也已麻木，不覺得緊張，甭談有何危機意識。

這是非常嚴肅的問題，文在寅帶頭所造成。文在寅全心關注在簽署《終戰宣言》事務上，自認能為大選加

分。因此，不敢得罪北韓領導人金正恩。韓國外交部、國防部及統一部也一致採取統一口徑對外，只心平氣和地要求北韓儘快重啟對話。

當然，李在明與尹錫悅間你死我活的激烈競選如火如荼進行時，兩人對北韓飛彈挑釁事件表現南轅北轍。李在明站在文在寅的既定政策與立場，主張重啟金剛山觀光、開通兩韓鐵公路連接及早日展開對話，但是，尹錫悅則不同。他認為，不能為了對話一直保持低調，應以韓國研發的武器 Kill Chain 先發制人。

這下子糟了，李在明趁機給尹錫悅扣上紅帽「好戰好鬥」的候選人，如果當選總統很可能會發生戰爭。北韓也認為尹錫悅一旦當選總統，恐怕對北韓不利，因而有必要先行警告，兩韓關係不進則退，務必小心處理，以免再度發生不幸的韓民族自相殘殺。

金正恩回想在新加坡和越南河內舉行的 2 次「川金會」，認為川普好騙，拜登則不好應付。的確，自拜登上任近 2 年以來，美朝關係不僅倒退，拜登根本沒把金正恩放在眼裡，廢核不是拜登施政優先順序。因此，金正恩有必要給拜登一點注意力，警告拜登北韓已準備好

核試與發射洲際飛彈。

　　果然，連發飛彈之後，金正恩的洲際飛彈確實讓拜登有點頭昏腦脹。趁拜登 2 年國內政績 F 不及格，並且外交上與中國、俄羅斯關係惡化情況下，只要北韓不朝著美國本土直接發射洲際飛彈就好的心態，似乎太小看金正恩了，因此，北韓有必要秀一下其間「養精蓄銳」的新式武器成果。

　　美國與韓國幾乎同時證實，為了安撫北韓，各自在水面下正在和北韓進行接觸中。金正恩絕對不是省油燈。美韓都提供了北韓趁火打劫的良機，不僅可以耍自己的存在感，拉高身價，並且提高對話價碼，也可賺取一筆外匯裝進金正恩口袋裡。

　　美國終於派出國務院亞太事務代理助卿兼北韓事務代表金星於去年 6 月 19 日至 23 日訪韓。此次訪問首爾主要目的是，分別與韓日兩國北韓代表舉行會談，一方面轉達拜登新北韓政策，另一方面謀求 3 國共同對付北韓。

　　北韓國務委員長金正恩的胞妹金與正和外相李善權對於金星在首爾提出的「無論何時何地美國願意無條件

與北韓展開對話」，立即潑冷水回應「浪費時間，北韓不會上談判桌，解夢比做夢還重要」。讓金星很沒面子，只好低著頭返美。

其實，美國拜登政府上台以來，前後有過 2 次試圖與北韓接觸，均告失敗，此次是第 3 次主動提議，結果又被北韓重重打了一記耳光。主要原因是，拜登簽署行政命令延長對北制裁效期。

美朝關係無轉好跡象，最讓文在寅失望。美國《時代週刊》亞洲版封面題目為「文在寅為治癒他的祖國企圖做最後衝刺」，文在寅仍對兩韓關係改善抱持一線希望。

金正恩知道，文在寅說服不了拜登。在美韓「拜文會」工作階層會議上，韓國曾要求美國解除金剛山觀光等限制，結果被美方拒絕。文在寅又派國情院長朴智元密訪華盛頓，試圖再勸說美國解除對北韓制裁，以便讓北韓接受重啟會談，也未獲得美國同意。

綜合以上，文在寅在提供北韓糧食、離散家族相逢、金剛山觀光等合作事項均告失敗，也直接或間接證明了「文金會」與「川金會」均是和平騙局而已。

尹錫悅給台灣的啟示

創造韓國總統的新面貌

　　尹錫悅只是一名職業檢察官出身，韓國政治界都稱他是「政治白紙」，俗稱「政治素人」。若從另外一個角度來觀察，是沒受政治汙染「乾乾淨淨」的政治初生之犢而已。

　　韓國歷任總統無論是軍人、文人或民主背景，都冠冕一個共同的名牌叫「帝王式總統」。尹錫悅提出廢除「青瓦台」政見，其實就是要把這種總統至上的權威徹底脫胎換骨。

　　朝野兩大黨總統候選人李在明與尹錫悅的五花八門政見競相出台時，剛巧遇上春節家人圍爐的時刻，政見成了餐桌上的談話菜餚，讓大家自由享用，即是韓國人俗稱的「春節民意」，可以預測這次大選的勝負。

　　無論執政「民主黨」候選人李在明或反對黨「國民之力」候選人尹錫悅先後提出的政治、經濟、外交、文化、社會等各領域方面的政見，一般認為大同小異。從歷年

選舉看，選前的各種「公約」，選後都變成「空約」居多，因此採取半信半疑。

最明顯的例子是，卸任總統的文在寅早於 5 年前就知道，青瓦台不僅規模龐大，並且公認是權力弊病叢生的溫床。因此，在就任時曾向選民承諾將青瓦台作為展示歷任總統歷史文物的博物館，自己則遷入位於首爾光化門中央政府綜合大樓一處辦公，下班後走進街頭巷尾與攤販和市民家常便飯聊天。但是上任 1 年後文在寅卻以安全理由自行食言。

尹錫悅針對此問題發表的「廢除青瓦台（總統府）」政見，頗有「驚濤駭浪」之勢，獲得廣泛韓國選民的肯定與主要媒體的正面支持。一般認為，這問題雖是舊事重提，但承諾要具體兌現，端賴尹錫悅的勇氣與實現。

自 1948 年 7 月政府成立，青瓦台總統秘書處只有 7 名職員，隨著政黨輪替及總統物換星移，組織規模及人員逐漸擴大。目前，青瓦台設有秘書室長、政策室長、8 位首席、2 位補佐官及 41 位秘書官。另在秘書室長下設總務、附屬、儀節、記錄、演說等秘書，行政人員 443 人，另加安全人員 500 人，總計約 1,000 人。

　　每周，文在寅主持 2 個會議。一是青瓦台首席會議，二是內閣會議。顯然，青瓦台是屋上屋的另外一個內閣，似有首席霸凌各部會首長之嫌，造成內閣無權，淪為聽命青瓦台幕僚的執行單位。

　　現今官僚體系的各種越權與弊端，深思熟慮的尹錫悅在檢察官時節，就親身經歷青瓦台的種種違法。包括曾偵辦文在寅為 30 年知己宋哲鎬律師當選蔚山市長，非法動員 8 位首席協助選舉事務弊案。目前司法程序尚在進行中，一旦文在寅卸任，恐怕逃不了要面臨法律制裁。

　　因此，尹錫悅堅持將權力核心青瓦台交還給真正主人「人民」，讓青瓦台走入歷史，另以「總統辦公室」取代，象徵尹錫悅願意放下既得利益及徹底改革權力運作。總統辦公室幕僚由官民共同出任，施政可即時反映民間與企業的意見。

　　此次大選，尹錫悅的民意支持率領先李在明原因諸多。一向支持文在寅的 20 歲和 30 歲年輕選民認為被文在寅騙了 5 年，執政初期高掛在青瓦台牆壁的「青年工作實況統計表」牌突然消失，意味失業率很慘，無法向年輕人交代。

　　不僅是文在寅的政績，李在明本身也有問題。製造年輕選民早已忘記的「地區感情」來分化人民，在大邱及慶尚道極力尊崇前總統朴正熙，到了光州與全羅道就大肆批評，昨是今非，講話不誠實。韓國年輕選民要選出一位誠實的總統。

　　無論小英總統或文在寅總統都要面臨卸任，只是時間長短不同而已。近日台北和首爾兩地兩張電視畫面頗引人注目。在台灣立法院內由立委鄭正鈐主持，並由台大名譽教授賀德芬、張靜律師陪同參與，及遠在美國的林環牆教授與彭文正使用英語駁斥英國倫敦大學的「包庇蔡英文博士學位詐欺」國際記者會，可惜在「雷聲大雨點小」的情況下落幕。

　　作者雖未留學英國，但與蔡英文同一 1980 年時代留學韓國 5 年，於 1985 年獲得國立慶北大學政治學博士學位，珍藏有個人博士照、畢業典禮錄影帶、經我駐韓國代表處和外交部驗證的博士學位證書及成績單等存放家裡，當成光耀祖先的家寶，還要留傳後世。

　　更讓我錦上添花的是，當時，韓國一家私人出版社願意出錢向我購買博士論文《朴正熙總統之統治理念研

究》版權出版，書上還印有朴槿惠前總統、國會議長李萬變特別撰文的推薦函，值得紀念。

　　因此，實在不瞭解為何蔡英文至今不僅拿不出一本裝訂成冊的論文，並且也沒有一項能說服台灣 2,350 萬人民的證據。不管「假博士」烏煙瘴氣滿天飛，寧願失去誠信，只顧打勝選舉，預先做好自己卸任後的「保護傘」。

　　處境與文在寅差不多，完全為自己的安全下台著想。文在寅在青瓦台主持幕僚會議時痛批反對黨「國民之力」候選人尹錫悅於日前接受《中央日報》獨家採訪指出：「當選總統後，將對文在寅立即採取法律制裁」係「政治報復」，也是不當之選舉語言，應向文在寅表示道歉。

　　尹錫悅不會道歉。理由很簡單，文在寅在任時，以「積弊清算」（轉型正義）名義，不僅把 2 位前後任總統捉進牢獄，3 位國情院長、200 多名內閣首長及官員接受法律制裁，其中發生 1 位將領被戴手銬，自覺「名譽受損」而自盡的不幸事件。

　　韓國選民不禁在問文在寅，你推行的「積弊清算」可以容許，政黨輪替後新總統就不能清算文在寅嗎？上了外國媒體的韓國話「Naeronambul」，意指「我強姦是

羅曼蒂克，他人強姦是不倫」，屬於典型的雙重標準之語。

　　文在寅欲所不為的 5 年執政恍如隔世，這也給執政者一個很好的警惕，政權是一時的，人民與國家是永遠的真理。

　　國家要發展，不一定要靠一些「老江湖」政客，政治素人是新的「維他命」，也許養分和芬多精很多又新鮮，讓人民與國家吃了更加健康。

檢察官依法偵辦總統弊案

　　檢察官依法偵辦總統弊案，在韓國行之有年，但恐怕在台灣是無法想像的事。

　　韓國與台灣檢察官頗多類似。為了個人的榮華富貴，也有自願加入權力核心的「忠犬」團隊。還好，這些忠犬必竟是少數。 文在寅政府養了一批忠犬，包括法務部長、大法院院長、檢察總長、法官及檢察官，屈指可數，是一般百姓嚴厲指責的對象。

　　任職檢察官 26 年的尹錫悅自己是過來人，當然最了解這種弊端。所以，他一直強調檢察改革最重要，並且刻不容緩的任務是，讓檢察官變成人民的檢察官、公正的檢察官，要站在弱者的立場處理案件。因此，他一直強調公正、常識非常重要。

　　有趣的是，尹錫悅在國立首爾大學法律系求學時的逸事一則，至今令人津津樂道。在一次校內社團舉辦的模擬法庭中，尹錫悅將光州事件的「主犯」之一的全斗

煥處以死刑。後來，深怕被警方拘捕，逃避至外婆家一段時間。他在檢察總長人事聽證會上也回憶了他當時的立場，他說：「全斗煥涉嫌侵犯憲法，屬於重大犯罪」。

　　檢察官各式各樣辦案的紀錄很多，但像尹錫悅般有偵辦 3 位前後任總統李明博、朴槿惠及文在寅紀錄的人恐怕少之又少。尹錫悅偵辦的案件不僅屬於大型，也是轟動一時的社會新聞。其中包括：1999 年，起訴警察廳情報局長；2003 年，不法大選資金事件；2006 年，現代汽車秘密資金事件；Ronstar 基金廉價收購外換銀行事件；2007 年，青瓦台秘書室政策室長卞陽均與申貞娥教授偽造美國大學博士學位證書事件；C& 集團秘密資金事件；2008 年，BBk 操作股票事件等。不計其數。

　　在韓國政治史上，金錢與選舉，黑錢與政治權力無法切割，是同伴者關係。因此，對於現職總統、財閥企業家及朝野國會議員等的違法政治資金，小檢察官是根本無法碰撞的「聖域」。但是，尹錫悅以法理與原則辦案，曾將盧武鉉總統身邊的，包括安熙正前忠清南道知事起訴及坐牢。

　　尹錫悅的「抗爭」命運自 2019 年 7 月又是一個新的

轉捩點。尹錫悅由文在寅總統任命出任檢察總長，即開始著手偵查曹國法務部長一家人的偽造文件弊端，目前正在坐牢的曾擔任私立東洋大學英語系教授的太太鄭慶心，為了協助一對子女偽造各類獎狀及進修學歷等文件，以利輕易考進大學醫學院。這是嚴重的非法行為，不僅社會不允許，並且在大學入學激烈競爭時期，對全國考生也是極為不公平的醜聞。曹國本人的司法程序則正在進行中。

曹國原職是首爾大學法律系教授，屬於左派人士。曾任青瓦台民情首席秘書，是大家公認的文在寅的左右手幕僚。他不僅長相斯文，講話也像在課堂上給學生授課。如果，文在寅未強力提名擔任法務部長的話，或許可免除這個大災難。不幸，在國會人事聽證會上，反對黨國會議員齊力轟擊，將曹國一家人的非法事件全部揭發。

曹國不得不自行辭去，免得一直成為文在寅的執政包袱。文在寅則成了賠了夫人又折兵的尷尬情況。去年新年記者會中，文在寅坦承欠了曹國甚多。惟政治是現實又冷酷，文在寅忙著解救自己的弊案，根本無法顧及

他人。

　其實，尹錫悅早於 2013 年 10 月 21 日就與朴槿惠政府產生磨擦。在國會對首爾高等檢察署進行國政檢查時，他暴露「國情院介入大選疑惑」、「有上級單位施壓及妨礙調查」等。朴槿惠上任只有 8 個月時間，尹錫悅卻敢去碰權力核心。在韓國，國情院的權力一向巨大，人稱國情院是可以打下空中飛鳥的權力機構。

　公職選舉法第 9 條清楚規定「公務員要堅守中立義務，並且禁止公務員的選舉活動」，明顯指出違法行為則一律予以處罰。當時，選舉期間，國情院職員利用網路和推特等，協助朴槿惠的大選活動，可說是搖擺選舉制度根本的重大犯罪。尹錫悅認定是違憲事件，作為一名有使命感的檢察官不得不調查。

　為此事，尹錫悅雖依法偵辦，但對朴槿惠仍過意不去。尤其，坐牢長達 5 年之久，身體多病。文在寅已於去年底特赦朴槿惠，遵照醫師指示，朴槿惠將離開首爾，返鄉移居靠近大邱廣域市附近的達城郡。尹錫悅於選前選後也一直希望有機會拜訪，並且能化解一些誤會。其實，因本案尹錫悅也受到人事上的「政治報復」。3 年期

間放逐到大邱高檢和大田高檢等地，正如他自己形容般「在深山寺廟過著隱蔽生活」。

後日，尹錫悅吐露心中的話。他說：「影響選舉是一回事，重要的是國情院做了不該做的事，檢察官依法辦案即可，不必做政治考慮及政治上的利害關係，如果事後發生法律問題，由誰來保護我呢？只有法律才能正當化及在歷史面前負責」。

尹錫悅於 2016 年 11 月，被徵召加入「特偵組」，偵辦三星集團副會長李在鎔提供朴槿惠與崔順實 430 億元賄賂事件，起訴李副會長。目前，李在鎔雖假釋出獄，但刑期仍在。尹錫悅以總統當選人身分將趁機要求文在寅特赦，不幸，未得到正面回應。

說實話，尹錫悅的魅力擋不住。有的檢察官同仁批評他，但交換幾杯黃酒後，馬上轉變，發現他的誠實面貌。大家都說，尹錫悅有一種牽引力，不僅可以包容，並且把敵人變成自己人。這次大選，果然發揮了他的優勢。

2020 年 2 月 3 日，尹錫悅在大檢察廳會議室舉行的「新任檢察官申告式」典禮致詞時提醒晚輩們：「不要

問國家和檢察組織能如何保障各位的地位與未來，要時時刻刻自問我能為人民和國家做什麼事」。尹錫悅認為，檢察官幫忙清理總統周遭違法的人，是為去除總統身上的毒素，也是為國家發展有益。

奇特的是，現任總統文在寅與新任總統當選人尹錫悅間之你來我往口水戰，越來越兇猛，已打破以往 10 日內新舊總統禮貌性會晤的傳統慣例。其實，互不退讓的主要原因在於 6 月 1 日舉行的全國地方選舉。

繼金大中、李明博、文在寅之後，達成第 4 次政黨輪替的尹錫悅。以「政治素人」身分，提出的新「總統辦公室」不在青瓦台，卻選在目前由國防部使用的大樓。安排國防部先遷入附近的合參本部大樓，暫時性共同使用。

不料，卻引起文在寅的不滿。青瓦台和執政民主黨方面，提出安全和交通等理由反對，甚至拒絕尹錫悅請求的搬遷費 496 億元政府預備金。但是，一般認為，這些都是不必要的過多憂慮，應由即將離去的文在寅協助接棒的新總統才是聰慧作法。

現任總統與未來總統的紛爭，在韓國政治史上好像

是第一次出現。不少人認為，文在寅和執政黨仍舊對大選以 0.73% 差距輸掉不服，因此，處處刁難尹錫悅想為人民做事的這條船啟航。口水勝負戰由人民來決定，來臨的全國地方選舉即可顯現。

　　尹錫悅不是省油燈，立即提出反駁。他堅決不進象徵威權政權的青瓦台辦公，不僅包含在政見裡面，也是從政以來的不變初衷，真正向人民兌現自己的諾言。尹錫悅也坦承不諱地說，如果在青瓦台不出門上班，自己可以享受舒適生活，但無法與人民溝通。

　　這次國人看到彭文正的律師張靜，在電視機前被台東檢警帶走傳訊的畫面，感到非常錯愕。因為，他平時就敢言批評檢察官和法官，並且誓言為蔡英文的假博士案查出水落石出不惜丟掉律師飯碗，也要奮鬥到底。

　　很可惜，台灣檢察官沒看到這次韓國憲政史上首次出現專職 26 年「檢察官」身分的尹錫悅為何能當選總統議題。對於台灣檢察官來說，可能是引以為榮的一面鏡子，也是一門可以學習的功課。

　　繼金大中、李明博、文在寅之後，達成第 4 次政黨輪替的尹錫悅，其實，他一慣以「法律與原則」偵辦前

任總統辦李明博和朴槿惠弊端之外，也包括三星等大企業家的「官商勾結」案在內。尹錫悅對自己偵辦過的案件不僅信誓旦旦問心無愧，並且認為韓國人民透過選舉選擇他的主要任務是，將文在寅破壞的憲法與法治恢復正常。

政黨輪替後，有 4 次被文在寅政府法務部長降級的法務研修院副院長韓東勳前檢察長的動向受到各界矚目。韓東勳是公認的尹錫悅右手，5 月 10 日尹錫悅就任後，大法院長和檢察體系人事將有大變動，因此，已有韓國媒體猜測，尹錫悅會重用過去一起對抗文在寅的夥伴韓東勳等人「東山再起」。不出所料，尹錫悅已提名韓東勳為新任法務部長。

看到韓國檢察官可以勇敢棄官從政，一夕之間當選總統。台灣檢察官還要沉淪在自己世界裡，安穩的睡覺嗎？

腐敗無能政府的教訓

　　5 年前，文在寅曾在就職典禮講的話，對韓國人民所做的各項承諾，至今韓國人民對每一句話記憶猶新。可以說，5 年後，兌現的成績從這次大選每一張選票誠實地顯示出來。

　　文在寅政府一上台，就以「積弊清算」名目採取對前任總統和內閣閣員的政治報復。這是韓國傳統以來，改朝換代一直維持的悲劇開始。前面有 4 位前總統全斗煥、盧泰愚、李明博和朴槿惠受到牢獄之災。

　　第 20 屆總統大選，韓國媒體對選情的報導，扮演了十分重要的角色。韓國媒體 90% 以上屬於親政府，主要原因是，卸任總統文在寅曾在盧武鉉政府時期在青瓦台擔任過重要幕僚，因此，非常瞭解如何與媒體打交道，所以，5 年前他當選總統後，極力「收買」媒體，可以大膽地說，很像目前台灣情況。

　　總統選舉對 300 多家韓國民意調查公司是「賺大錢」

的機會，幾乎沒有假日，每天競爭式的輪流公佈選民對各黨總統候選人的支持率，讓選民掌握最新選情。這種現象恐怕在台灣也不容易找到。

由中央選舉管理委員會主辦的候選人經濟、政治及社會領域電視辯論會，也是提供選民透過眼睛、耳朵選擇最佳人選的一項指標。隔日就出爐的民調公司數據顯示，一直由反對黨「國民之力」候選人尹錫悅一人領先。

這種現實選情絕對騙不了人。前李洛淵國務總理秘書長、親政府媒體 OhmyNews 總編輯出身的鄭雲鉉主動投誠尹錫悅陣營，他坦率的指出，有人批評尹錫悅無國政經驗，也沒有當選過國會議員，甚至謠言滿天飛，若尹錫悅當選，韓國將成為「檢察共和國」等，但鄭雲鉉主張總統不必是「萬事博士」，主要看人是否正直和具備領導力。

有趣的是，南韓 YouTuber 視聽率遠超過既有的 KBS 等電視台。由現職記者、退休資深記者或曾任國會議員出身的「名嘴」自己親上陣評論選情，獲得不少聽眾的青睞，因為，民眾一直不信任親政府的「一言堂」媒體。

YouTuber 挖掘新聞手不軟。執政黨候選人李在明的

大庄洞土地開發弊案與太太金慧京的公款私用案幾乎「1日1爆」壓垮李在明。檢察官和法官在 YouTuber 的壓力下，不敢放縱李在明的案件不管。

此次大選，進步與保守比率明顯變化。在傳統韓國社會，進步與保守 2 大黨比率是 30 對 30，中間選民則佔 40，從這次的選情發展來觀，尹錫悅的支持率一直在 40% 與 50% 之間，足以顯示中間選民，尤其年輕一代選民轉向支持保守。

韓國選民認為，主要原因是文在寅的「假民主」造成。文在寅的青瓦台幕僚和內閣閣員大部分清一色的學運背景，他們自己認為，在保守政府下受到不平等待遇，甚至坐牢等，因此，好不容易現在掌權了，就要好好享用特權，並且以「清算積弊」名義，採取各種毒辣報復。

尹錫悅在電視辯論會中指出，當選總統後，將文在寅的各種弊案交給司法處理，他自己不會介入和干涉。不料，讓文在寅聽了十分火大，認為尹錫悅已預告政治報復。尹錫悅覺得莫名其妙，「做賊的喊捉賊」，文在寅自投羅網。

觀察韓國這次總統大選結果，說實話，有諸多視角，

值得台灣學習。3月9日舉行的第20屆總統選舉開票經過如同007電影般驚心動魄。10日三更半夜才揭曉的結果，由反對黨「國民之力」候選人尹錫悅以0.73%，25萬812張票差距擊敗執政「民主黨」候選人李在明。

　　文在寅自甘自受。選民因不滿文在寅踐踏大韓民國憲法及藐視法治精神，並且從未兌現5年前宣誓就職時向人民保證的諾言，選擇自行勇敢辭去檢察總長一職的尹錫悅，投入政治僅有254天，就成為青瓦台的新主人，不能不算是韓國憲政史上的一項創舉和紀錄。

　　因此，與其說這次選舉是尹錫悅與李在明之戰，不如說是尹錫悅挑戰文在寅的5年失敗政績成功。說實話，選民也已受夠了5年以來主張民主、進步政黨施政的痛苦，所以選民早已自動高舉「政黨輪替」與「公審文在寅」的紅色警告牌。

　　起先，文在寅主張他是繼承金大中和盧武鉉2位前總統的「正派血統」。沒想到後來韓國人民發現，文在寅是歷屆政府中最無能、腐敗的政權。金大中首次登陸平壤就能獲得諾貝爾和平獎；同樣人權律師出身的盧武鉉知道廉恥，卸任後因貪污罪被檢察官傳訊，覺得對不

起向人民先前所作的任期中「絕不貪瀆」承諾，選擇自
盡為子孫留下面子。

　　從另外一個角度觀察大選結果，尹錫悅所以能獲得
年輕選民的大力支持，其主要原因是講話誠實。韓國人
民被文在寅欺騙 5 年感到疲憊不堪，因此選擇了正直的
政治新人尹錫悅。他當選總統後的感言中也可看出端倪，
「勝選屬於偉大的人民，今後只相信人民和追隨人民的
意見施政」。

　　最可憐的人是文在寅與李在明，兩人多項弊案纏身，
日後都會受到法律制裁。尹錫悅擔任過檢察總長，偵辦
過前任總統的弊案，因此，他再三斬釘截鐵地保證，絕
對不會採取政治性報復，也不會親自介入。因為國家有
法律，有司法制度，法律面前人人平等。因此，一切依
照司法程序正常運作即可。

　　當選後，尹錫悅立即接獲文在寅總統的祝賀，也應
美方主動邀約與美國總統拜登通電話，拜登希望今後與
新政府密切合作，也邀請尹錫悅近期訪問華盛頓，並且
提出美韓日 3 國同盟關係的重要性。暗示尹錫悅要與日
本修好。美國一直認為，文在寅破壞了韓日關係，讓居

間的美國頭痛。

中國大陸《新華通訊社》與《中央電視台》等媒體一方面報導尹錫悅當選新聞，另一方面認為，屬於傳統保守派的尹錫悅競選期間所講的重建韓美關係與追加配置薩德等言論，僅止於「選舉語言」，應該不會影響到中韓建交 30 年已建立的良好基礎，經貿關係反而會加強。

坦白說，台韓不僅國情類似，文在寅與蔡英文的施政也頗多相似。其中，兩人強力推動的「非核家園」政策都面臨嚴峻挑戰，蔡英文執政期間停電多次，文在寅則要付出接受法律制裁之代價。文在寅與蔡英文執政傲慢，老天看在眼裡。

有趣的是，韓國人也說，文在寅很會選舉，的確在任期內的全國地方選舉和國會議員選舉等創下 4 戰 4 勝紀錄。但從去年的首爾、釜山市長選舉至總統選舉接連敗北來觀，充分證明昨日的花再美麗，還是會凋零。韓國變天，充分證明了這一點。

年輕選民渴望正義

　　這次大選，尹錫悅要特別感謝韓國 20、30 歲年輕選民。過去，他們一窩蜂地支持文在寅和執政「民主黨」，此次轉向支持尹錫悅和反對黨「國民之力」，具有深謀遠慮的意義。

　　韓國依法全國公務員不得加入任何政黨，嚴守行政中立。當然也包括檢察官、法官等人，嚴格實施行政、立法及司法三權分立的民主自由政治體制國家，與台灣公務員可以加入政黨是完全不同的。

　　韓國每年春節放假後的第一天，都有媒體報導分析所謂的「春節民意」。今年由 3 家電視台 KBS、MBC 及 SBS 聯合主辦並播出的總統大選候選人辯論會，收視率高達 39%，比連續劇還高，充分說明韓國選民對此次大選的高度狂熱。

　　看完辯論會後，韓國學者專家的評價出爐。幾乎可以預測尹錫悅的當選。尤其，在投票前夕之關鍵時刻，

安哲秀與尹錫悅的握手言歡場面，成了國內外媒體的焦點，歷史性鏡頭迄今令人難忘。

最讓年輕選民痛心的是，李在明的謊話連篇，李在明的太太金慧京在他任職京畿道知事期間，金慧京不僅把該廳工作的公務員當成私家傭人使喚，並且以先生的知事公款信用卡購買家裡用的牛肉及日食料理等。公款私用，把人民的納稅錢當成自己口袋的錢。

不幸，李在明屋漏偏逢連夜雨。自己的大庄洞開發舞弊案尚在司法程序進行中，又遭遇太太金慧京挪用公款事件，夫婦兩人雖先後鞠躬道歉，但一向支持文在寅的 MBC、KBS、SBS 等親政府電視台爭相一日一爆，案情仍然繼續燃燒，進入司法程序，一時無法止血。

此時此刻，最痛苦的人莫過於文在寅。民主黨選出的文在寅政權繼承人李在明在辯論會中明確指出，他不是繼承人，並進一步批評文在寅房地產與 K- 防疫政策均徹底失敗。李在明披掛執政黨招牌上陣競選，卻與文在寅一刀切割，讓文在寅情何以堪。

雖說這是執政末期的普遍現象，但對文在寅來說，有一種被「拋棄」的冷酷。沒想到，文在寅欽賜任命的

MBC 等親政府電視台董事長與總經理等人一夜之間如此現實地變質和轉向，開始熱中報導文在寅 5 年期間未曾揭發的弊案，讓文在寅肉眼不識泰山，後悔來不及了。

最明顯的例子是，對政治變化最敏感的公務體系也在動搖。文在寅任命的檢察總長金浯洙抗拒法務部長朴範界調動的檢察官人事命令。100% 親文在寅的金命洙大法院長，所發布的全國 800 多名法官人事不公，造成司法圈內的鬥爭與分派，首爾高等法院 10 多名法官以集體辭職行動，表達對文在寅之抗議。

今年底，台灣也有九合一地方選舉。台灣選民和蔡英文政府真應該睜開大眼好好觀察一下，韓國選民為何熱切期望政黨輪替，又反對黨總統候選人尹錫悅的各項民調為何一直領先李在明的原因，最終當選總統，或許會對今後台灣政治發展有所助益。

拜讀台灣高等檢察署主任檢察官呂丁旺大作《總統提名檢察總長有違憲疑慮》，從事研究韓國政治的我也願意提出拙見，作為鴻文的蛇足補充，以饗台灣的讀者。

韓國自李承晚第 1 屆政府迄今至第 19 屆文在寅政府，期間共有 44 名檢察總長。依據《檢察廳法》，法務

部長依據檢察總長候選人推薦委員會提名，報請總統任命，任期 2 年不得連任。惟不幸的是，其中泰半以上檢察總長未做滿 1 年就掛冠而去。

這也說明，除蔡東旭檢察總長因私生子問題等個人因素自行辭職外，大部分都是因高層「政治因素」介入所產生的齟齬，不得不在被逼退的情況下，脫下烏紗帽，成為政治現實的犧牲品。

就以去年 3 月 4 日憤然辭去檢察總長職務的尹錫悅為例，任期原本至 7 月底，但因 1 年多來，尹錫悅認真執行文在寅任命他時的明確指示：「對現任政府的弊案也要嚴辦」，將 7 名青瓦台幕僚人員奉文在寅的旨意非法介入蔚山地方市長選舉事務，因此遭到起訴。此事卻被文在寅「懷恨在心」，透過法務部長秋美愛施行「停職停權 2 個月」之處分。

尹錫悅於 2020 年 10 月 22 日，在國會法制司法委員會所屬朝野國會議員對大檢察廳實施國政監查時，向在場的議員嚴肅指出：「檢察總長不是法務部長的部屬」。並且說「我只看人民，不看權力層峰辦案」。足以證明尹錫悅勇於抗拒充當政權「侍女」的角色。

　　經過 1 年來的「總統與檢察總長暗鬥」之後，如今尹錫悅一百八十度轉身變成「政治新人」投入第 20 屆總統選戰成功，他的競選口號簡而有力：公正、公平、正義，遵守憲法與法治獲得韓國年輕選民的支持。

　　韓國憲政史上，這次大選首次出現「檢察官總統」。應該說，年輕選民的功不可沒。他們認為，國家需要的是一位正直的總統。年輕人也不同意 10 年政黨輪替說法，5 年施政不得民心，就是一鞠躬下台，負起政治責任。

　　讓年輕選民可笑的是，失業率不斷上升。文在寅上任初期，在青瓦台辦公室牆壁設置年輕人就業率圖表，並且親自使用指揮棒說明數據與進展。不料，何時圖表突然消失不見蹤影。原來，是一場騙人秀。後來聽說，文在寅為增加就業率人數，將在路邊撿煙蒂的老人家也算進去。

　　不僅如此，房價也陸續高漲。如果說，過去年輕人 10 年內省吃儉用，就可以買到房子。現在，恐怕努力 20 年、30 年也買不起一棟房屋。自然造成未婚年輕人不敢結婚生子。這次大選等於讓年輕人吐出內心的不滿，把

忍耐 5 年之久的冤屈以選票一次全部顯現出來。

　　年輕選民期待的「住屋正義」夢想，未能在文在寅政府 5 年期間實現，只好留給尹錫悅的競選政見承諾：「讓年輕人實現自己的夢，國家才有希望與發展」。

點亮人民的希望

　　對於自己從一名職業檢察官入門政治這一行的心路旅程，尹錫悅有以下的告白。

　　「我從未想過要進入政治圈。目睹文在寅總統和周遭的幕僚處理國家大事沒有原則，例如，隨心所欲一句話就可停止運作核電廠，根本沒把專家學者的建議放在眼裡，如此經常脫序言行，無法維持社會秩序安定，認為如果繼續放任，國家將要面臨危機」。

　　「文在寅總統上任時，對外公開聲稱自己係繼承金大中和盧武鉉 2 位前總統，其實，完全不是那麼一回事」。

　　「一個人無論在任何工作崗位，重要的是要保護人民與堅守民主主義。因此，經過 2 個月餘的深思熟慮，我決定辭去檢察總長職務」。

　　此次，尹錫悅剛投身政治時，韓國政壇元老，也是被譽為「King Maker」（製造總統的人）金鍾仁送給尹錫

悅的讚頌是「天賜明星」，讓這顆星照耀朝鮮半島大地，為人民造福。

人民的每件小事都是國家的大事，也是總統該負責任的重要事件，不能輕易忽視。尹錫悅就是屬於這種類型的人，把人民的事放在最優先地位。

文在寅在處理這一方面事上表現〇分。近日，一名失去父親的高中生第二次寫信給總統文在寅，痛罵總統是說謊的人，受到韓國各家媒體的關切與報導。

2020 年 9 月發生海洋水產部公務員在西海執勤時，不幸落海，卻無故被北韓軍人不僅槍殺，並且焚燬屍體事件。事後，韓國政府調查報告出爐稱，該公務員係「自行投奔北韓」和「投奔北韓動機是欠了賭債」等，家屬完全不同意此種說詞且無法接受。

因此，這名高中生出面寫了一封信給文在寅並要求政府徹查給個清楚交代。文在寅立即回信並承諾，為了真相水落石出，會親自督導調查本案。原來，文在寅為了「文金會」開花結果，不敢說一句刺激北韓領導人金正恩的話，這只是應付普通老百姓而已。

趁聯合國主管人權官員訪韓之際，家屬再投訴本案，

進一步要求由聯合國出面，與南北韓共同調查。韓國法院第一審判決，家屬勝訴，並要求政府公開調查原委。然而，文在寅提出上訴。文在寅卸任後，該資料若存放在總統紀錄檔案，就可依法封存 30 年之久。

海洋水產部公務員的高中兒子向文在寅哭訴「請不要讓媽媽和年幼弟弟每天過著悲觀的生活，請協助早日恢復爸爸的名譽」。這句心酸的話，確實讓只會搶光環不會保護人民的文在寅名譽掃地。

文在寅的這種雙重標準受到批評。這次在北京冬奧，每當韓國選手獲得獎牌時，文在寅不忘即時一一致電祝賀，卻忘了 1 年半前，他回信高中生家屬的諾言。曾是人權律師出身的文在寅，眼見人民的人權受到蹂躪卻無動於衷。人民不得不投訴國際社會的慘酷現實，確實令韓國人對文在寅吐口水。當選人尹錫悅已會晤高中生家屬，並承諾上任後解決。

如果照相機一照，可以發現蔡英文的 6 年施政很像文在寅的 5 年施政，其實，諸多差不多。先說行政院下令教育部和體育署調查並處分冬運國手黃郁婷在北京訓練時穿了中國大陸制服，就判定是投入敵人陣營嗎？出

賣台灣嗎？蔡英文和蘇貞昌一直還活在「威權」時代的「我是法律，我說了算」，在民主自由國家簡直不可思議。

更有趣的是，因蔡英文的「假博士案」被法院通緝長期滯留在美國的 YouTuber《政經關不了》節目主持人彭文正，不僅在美國出書《惡官》控告司法不公，還在英國提出法律訴訟，將這起假論文案訴諸國際社會。2 年後，不論政黨輪替或民進黨繼續執政，屆時恐怕任何一位新總統都保護不了蔡英文。

韓國選民透過這次 5 年一次的總統選舉，終於審判了文在寅。5 年以來，文在寅口口聲聲說大話的房地產政策、K- 防疫政策及兩韓政策等均告失敗，這筆帳，目前來看，唯一的途徑只有法律程序，總統當選人尹錫悅已清楚交代，文在寅卸任後是否會去坐牢，由檢察官和法官決定。

選前，韓國選民憂慮的是，文在寅利用歷屆各種選舉獲勝的經驗，繼續操作此次大選。結果，因為中央選舉管理委員會的 2 天「事前投票」暴露諸多令人可疑的瑕疵，讓反對黨和總統候選人尹錫悅提高警覺，防止文

在寅作弊。

　　尤其可懷疑的是，Omicron 一日確診人數已達 30 多萬，創下世界第一紀錄。建國大學醫學院教授李龍植公開批評文在寅政府故意採取放鬆，讓去投票的確診者和隔離者選民減少，可能造成又是一場反對黨「該贏而不能贏」的非法大選，提醒這些選民要有事先心理準備。

　　北韓從未放過影響大選的機會。今年以來共計發射 10 次各種新型飛彈。在這種特殊環境下舉行的總統選舉，無論從最先完成的旅居海外韓僑投票及事前投票，投票率高達 36.93%，超過 2014 年實施事前投票以來的歷年紀錄。

　　其實，大選勝負早已出爐。第一、以往年為例，投票 1 週前的民調數據幾近於最後勝出。從 23 家民調公司所作民調支持率顯示，除了 1 家親政府的民調公司數據由執政「民主黨」候選人李在明領先之外，其他 22 家均由反對黨「國民之力」候選人尹錫悅超群。

　　第二、依照歷年紀錄，贏得首爾地區選票候選人，就是最終勝利者。果然沒錯，經過尹錫悅傾注九牛二虎之力，在首爾地區的選民選擇了尹錫悅。

第三、整體選情來看，此次左右大選的時代精神是政權輪替，民意高達 56%，一直居高不下。尤其，「國民的黨」候選人安哲秀宣佈放棄參選，與「國民之力」尹錫悅合併之後，讓尹錫悅如獲千軍萬馬，更將領先李在明的差距幅度擴大，一般認為，勝利的號角聲已然響起。

文在寅的失政問題之外，最大的問題是，李在明擔任城南市長和京畿道知事時期的弊案翻天覆地。特別是，李在明欺騙女明星金芙仙說他是單身，兩人交往一段時間「騙吃騙喝」，並且金芙仙召開記者會哭訴，指責李在明偽善，沒資格當總統。

說實話，文在寅是李在明的沉重包袱。文在寅的 5 年施政缺失，不僅受到反對黨尹錫悅的猛烈攻擊，並且還要遭到「自黨人」李在明的批評。最近，李在明在 CBS 廣播電台自費政見演說中指出，文在寅執政 5 年彷彿是獨裁軍人政權。

面對審判文在寅失政聲浪不斷，文在寅採取一百八十度轉變。例如，對於全力推動的「非核家園」政策，卻積極督促政府有關單位重新趕工和轉運新古里

等地的核電廠。讓選民譏笑「狗急跳牆」，文在寅純為自己卸任後的安全考慮，想逃避牢獄之災。

　　屬於政治初生之犢的尹錫悅，當然從文在寅和李在明兩人加倍得分。從這次的競選活動中，可以明顯觀察尹錫悅為何能獲得 20 至 30 歲年輕選民的熱烈支持原因，他以檢察總長身分主持公平、正義，自行放棄鐵飯碗，並且毫無懼怕地對抗執政黨和文在寅。

　　隨著選情變化，天助人助。1 千多名退役將領，其中包括 12 位歷任國防部長公開聲明支持尹錫悅；繼而，則有國情院歷屆院長與退休官員也紛紛出來宣佈支持尹錫悅。他們支持尹錫悅的理由一致，文在寅幾乎把國家出賣給金正恩，讓韓國和人民陷入存亡危機。

　　尹錫悅脫穎而出顯示，他點亮了韓國人民的新希望，各種變化現實也可足以證明並且告訴國人，轉變國家命運的真正主人是選民，而不是目前在檯面上掌握權力的人。

　　新總統尹錫悅確實把握此道理。今後一切施政以人民為主，將成為稱呼「人民總統」的首位總統。

後記
我的感謝

　　請容許我，在此，把心胸打開，說些放在心底已久的坦白話，來報答各位恩惠之萬一。這些年來，我要感謝的人實在很多。一種好像欠債般的感覺，還也還不清。

　　首先，我要由衷感謝我的國立慶北大學和研究所兩度教授，應該說是我一輩子和唯一保持聯繫的恩師鄭然植教授，不斷鼓勵我撰寫這本書並且賜予大文推薦。鄭教授從我讀大學開始結緣到我攻讀博士學位，至今他愛學生如同親生子女，是我一生中最崇敬的老師。

　　從天上掉下來的奇特緣分。數年前，在台北一場由駐台北韓國代表部主辦的台韓學術研討會上認識，並且一直透過 Line 互通訊息的韓國著名資深媒體人，也是專欄作家許英燮先生賜文推薦，撰寫期間不斷提供我寶貴訊息與報章資料等。

大學同學金烏工科大學名譽教授，也是尹錫悅競選團隊重要成員的宋昌鎬教授，提供有關尹錫悅的 2 本書籍《重厚的尹錫悅》、《星星的瞬間會來臨嗎》與剪報資料，並且不吝撰寫推薦文，為本書增添光彩。此次大選期間，宋教授出錢出力，立下汗馬功勞。

居住濟州道西歸浦的國際獅子會前會長、西歸浦國際扶輪社前總裁，與台灣國際獅子會締結姊妹會，經常來訪台北的也是我的 40 餘年知己尹成遠的贈書《尹錫悅的真實》與，提供諸多與此次大選有關的寶貴意見。他們讓我順利完成這本書。

還要感謝的人包括以下。首先，仁愛醫院部分：

心臟內科主任陳鉞忠醫師，他是我的 2 次救命恩人，撰寫《你好嗎？我是朴槿惠》時，我差一點就中風，在陳主任的安排下緊急住院治療。在這次撰寫《人民的呼喚：尹錫悅 韓國檢察官總統的傳奇故事》期間，心臟動手術，術後，又蒙陳主任的減免大部分醫療費用，在此深深一鞠躬致謝。

一向幽默風趣的心臟外科主任醫師盧延洲，仁愛與忠孝兩地奔忙，臉上總是掛著笑容。我跟他建立友誼，

無話不談。因為血管堵塞，已為我開刀動手術好幾次了。腎臟科洪惠萱醫師也在此一併表達謝忱。

其次，在忠孝醫院部分：

眼科方主任怡謨門診人數每次超過 100 多人，看他午餐往往逾時，卻遇到等候自己門診號碼耐不住的人發脾氣，但他仍舊任勞任怨細心照顧患者。我的右眼大概是洗腎的原因常常會出血變凝固，經方主任 2 次手術將血塊移出，目前已恢復許多。

透析中心主任醫師陳達隆、醫師王振宇、林易生及吳岳霖 4 人，他們除了看診之外，還要每天輪流到洗腎中心照顧洗腎患者，親切問話，無微不至，非常辛苦。

由護理長涂宛鈴帶領的 25 名護理師團隊：邱玉玟、周淑蘭、羅明珠、許碧月、邱薏如、盧素新、江素真、曾穗如、洪美雅、陳麗琴、黃素青、洪婉欣、黃孟雪、賴美婷、劉玉惠、何甄秀、簡君如、林曉菁、陳曉琪、陳雪莉、林主妍、陳美華、連人笛、許慧娟及行政書記黃靜修，也要表示感謝。

我在忠孝醫院被稱呼的名字很有意思。有的醫師和護理師稱呼我是劉先生、劉伯伯、順達兄、順達、達哥

等五花八門。我都不介意，只好默默地接受。大家每天都依照兩班制排班表，自上午 7 時至下午 11 時認真執行自己的例行工作，各自忙自己的本分職務，談天說地不容易。

在此要特別提一提許碧月。我喜歡尊稱她許大姊，她不接受，要我稱呼許小妹。她只有一位千金在美國，跟我的情況類似。因此，兩人拿女兒作話題，彼此交換「同病相憐」之經驗。尤其，我長年以來使用女兒心怡寄來的 BOSS 牌香水，許大姊一聞就知道。實在觀察細微，讓我敬佩萬分。

每星期一、三、五與我見面打招呼的腎友們，彼此交換洗腎經驗，溫馨提醒吃藥的注意事項等，如親兄弟與姊妹般。透析（洗腎）中心就像一個小社會，有錢沒錢，可以從多方角度來觀察，有人投資股票 1、2 千萬元，說是在玩小錢，更有人炫耀自己的賓士車有多大。有時聽了，當成無聊的笑話，先吞進自己的肚子，回家全部排泄出來。

其間，遇到腎友一位一位離世，我對於人生的長短及老天爺的不公平，心有餘悸與感嘆。夜晚想到不知何

時會輪到我時，無法入睡。腎友中也有不少 20 年甚至 30 年長久以來洗腎經驗的人，因此可以稍微安慰自己「堅持到最後一刻」。

說實話，我原先非常排斥洗腎，也不知洗腎是什麼玩意兒。聽了朋友講洗腎，就等於去天上報到，讓我想入非非，產生恐懼。當時，仁愛醫院以沒有病床和護理師人手不夠為由，推介我去信義路 4 段的私人診所被我拒絕，後來再介紹至忠孝醫院，我勉強接受。

差不多過了 1 年時間，仁愛醫院依照原先的約定打電話來要我回去洗腎，期間因我與忠孝醫院的醫師和護理師已有感情存在，我捨不得離開，決定選擇仍留在忠孝至今已逾 2 年多時日。人是感情動物，我相信我的選擇是對的。

我有幸拜讀過「肌萎縮性脊髓側索硬化症」患者（俗稱「漸凍人」）陳宏教授的大作《我在 燈在》、《眨眼之間》、《生命之愛》，內容非常感動。書中論及忠孝醫院特別為他設置台灣第一間漸凍人病房，並且對於醫師和護理師的無微不至的照顧，再三感謝。閱讀這幾本書後，我對忠孝醫院油然而產生「肅然起敬」。

　　治療患者，我個人認為吃藥、打針是一回事，醫院、醫師、護理師及患者「四方」間的良好互動關係則是另外一回事。生命的盡頭遲早會來，還是把握現在最重要。生命是一個長途旅程，要學會快樂而行。

　　的確，洗腎，我不再給人家看到每天悶悶不樂的樣子，不僅快快樂樂地接受，還要勇往直前。我相信人命在天，一切聽天由命就好。這是我在忠孝洗腎免費學習到的寶貴人生哲學。

　　好多年前，我的一位韓國朋友叫孔暢庸，擔任過高麗大學學生會會長，不僅人長的帥，並且家庭富裕、美滿。雙親健在，美麗溫柔的妻子和子女兩人。看他家的族譜清楚寫著是孔子第 78 代子孫。當時，他 39 歲就當選類似台灣國大代表的「統一主體代議員」民意代表，政治前途看好。

　　一天自己的轎車出了大車禍，司機死亡，他卻保住生命。因此，他發誓日後絕對不買車。過了一段長時間，有一天大學的同學兒子結婚，他和 4 位同學一起坐上由另 1 位同學駕駛的轎車參加婚禮。結束後，返家的高速公路上，遇上從對面開來的貨車直接撞擊，當場 5 人全

都遇難。我從第二天早上的報紙看到此不幸新聞後，幾天幾夜無法入睡。迄今一直還在想，老天為何如此殘酷？實在不公平啊！

如今的我呢？卻成了一名瘦弱的洗腎人，一星期三天去忠孝醫院定時報到，躺在病床洗腎4個小時，雖然由醫師和護理師細心照顧，來回搭捷運也很方便，但總覺得辛苦。2年餘歲月匆匆流失，我還能留著這條小命，專心寫完這本書。這幾年來，真不知要感謝多少人。

我要特別感謝中國時報總主筆陳琴富，時報出版董事長趙政岷、主編謝翠鈺的鼎力協助，讓這本拙作得以問世。

PEOPLE483

人民的呼喚：尹錫悅 韓國檢察官總統的傳奇故事

作者	劉順達
內頁照片	劉順達提供，來自尹錫悅競選辦公室
主編	謝翠鈺
企劃	陳玟利、鄭家謙
封面設計	陳文德
封面照片	Pool/Getty Images News 由 Getty Images 提供
美術編輯	趙小芳

董事長	趙政岷
出版者	時報文化出版企業股份有限公司
	108019 台北市和平西路三段二四〇號七樓
	發行專線｜(〇二)二三〇六六八四二
	讀者服務專線｜〇八〇〇二三一七〇五｜(〇二)二三〇四七一〇三
	讀者服務傳真｜(〇二)二三〇四六八五八
	郵撥｜一九三四四七二四時報文化出版公司
	信箱｜一〇八九九　台北華江橋郵局第九九信箱
時報悅讀網	http://www.readingtimes.com.tw
法律顧問	理律法律事務所｜陳長文律師、李念祖律師
印刷	勁達印刷有限公司
初版一刷	二〇二二年五月六日
初版二刷	二〇二二年六月二十二日
定價	新台幣三八〇元

（缺頁或破損的書，請寄回更換）

時報文化出版公司成立於一九七五年，
並於一九九九年股票上櫃公開發行，於二〇〇八年脫離中時集團非屬旺中，
以「尊重智慧與創意的文化事業」為信念。

人民的呼喚：尹錫悅 韓國檢察官總統的傳奇故事/劉順達作. --

初版. -- 臺北市：時報文化, 2022.5
　面；　公分. -- (PEOPLE 483)
ISBN 978-626-335-369-5(平裝)
1.CST: 尹錫悅

783.28　　　　　　　　　　　　　111006162

ISBN 978-626-335-369-5
Printed in Taiwan